60个关键词

与家长暖心沟通的

丁立群◎主编

体谅

友善

诚心　共情

及时

真心　暖心

豁达

称赞　温馨　换位

热心

激励　细心　主动

期待　公正　关心

YU JIAZHANG NUANXIN GOUTONG DE
60 GE GUANJIANCI

天津社会科学院出版社

图书在版编目（ＣＩＰ）数据

与家长暖心沟通的 60 个关键词 / 丁立群主编. -- 天津：天津社会科学院出版社，2023.7
ISBN 978-7-5563-0895-8

Ⅰ．①与… Ⅱ．①丁… Ⅲ．①中小学—班主任工作 Ⅳ．①G635.16

中国国家版本馆 CIP 数据核字(2023)第 138682 号

与家长暖心沟通的 60 个关键词
YU JIAZHANG NUANXIN GOUTONG DE 60 GE GUANJIANCI
选题策划：柳　晔
责任编辑：柳　晔
责任校对：王　丽
装帧设计：高馨月
出版发行：天津社会科学院出版社
地　　址：天津市南开区迎水道 7 号
邮　　编：300191
电　　话：(022) 23360165
印　　刷：高教社（天津）印务有限公司
开　　本：787×1092　　1/16
印　　张：16
字　　数：240 千字
版　　次：2023 年 7 月第 1 版　　2023 年 7 月第 1 次印刷
定　　价：78.00 元

编 委 会

主　　编：丁立群

副主编：孙秋祥　郭诗华

编　　委：魏庆莉　李轶姣　许倩茹

　　　　　江　雪　赵丽君　向春艳

　　沟通是人与人之间、人与群体之间思想与感情的传递和反馈的过程，以求思想达成一致和感情通畅的一门艺术，同时也是一门学问。在当今时代，教师已经不能独立解决许多学生的教育问题，现代学校教育，需要家长们的积极参与。但是，由于家长扮演着不同的社会角色，处于不同的社会环境，他们在经历、经验、思想水平、知识能力上存在着明显的差异，家长的职业不同、层次不同，教育孩子的观念和方法也不同，要让他们都能与学校教育"步调一致"，教师如何与家长进行融恰的沟通，至关重要。

　　天津港保税区空港实验小学校长丁立群敏锐地意识到现代学校教育管理离不开家校协同育人，教师与家长密切配合、建立良好的合作关系是促进学生健康成长的重要手段。她认为，教师与家长的沟通是一种超越知识的智慧。教师要密切联系家长，用高超的教育艺术和技巧方法，得到家长的配合和支持，共同研究对学生的教育。

　　那么，如何做好与家长沟通的工作，丁立群校长带领教师们开展了深入的实践研究，首先他们对学生家庭进行调查，对家长的文化水平、职业状况、年龄、家教观念、家庭关系等做出分析，其次从家长个性心理特征、家长教育环境建立、家长职业素养表现、家长亲子教育方式等方面确定不同家长的表现类型，形成以暖心情感为沟通主线，以"了解"为沟通基础，以"尊重"为沟通前提，以"理性"为沟通保障，以"智慧"为沟通艺术手段的学校教师与家长暖心沟通协同育人工作模式。在暖心沟通中，教师从家长身上得到大量教育信息和工作思路，并从家长的期盼中激发从事教育事业的崇高感和责任心；家长从教师身上汲取教育的知识、技能和方法，为教师的师德精神所感动。这样，教师与家长结成和谐融洽、互相信赖、彼此合作的教育协

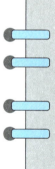

同力量,共同完成把孩子教育成才的重任。

由于家长的知识结构、职业类别、性格气质、修养程度等各不相同,所以学生的家庭教育环境和教育方法也不同。没有哪一种家庭教育方法是万能的,某种方法在这个家庭有效,但在另外一个家庭中则可能不灵。所以,那些对孩子失去信心且放任不管的家长,教师要及时将学生的点滴进步反映给家长们,激发他们对孩子的信心;对因离异而不管孩子的家长,要劝他们不要因个人恩怨而影响孩子,帮助他们在孩子的教育上尽到自己的义务和责任……对待不同类型的家长,教师们用故事记录下自己暖心沟通的工作方法,用沟通感悟出的关键词汇积累自己的经验,进而感悟和反思自己的工作,让暖心沟通真正成为家校合作的桥梁。

《与家长暖心沟通的 60 个关键词》一书,以暖心的 60 个沟通关键词为主题,从解读、故事、分析、感悟等角度对与不同类型家长沟通进行细致的解读分析。这本书是在丁立群校长的带领下,教师们通过头脑风暴、专题研讨、个性诊断等不同形式进行思想碰撞、相互启发、取长补短、潜心研究,汇集成今天的研究成果。这本书也是教师们在紧张的日常工作之余,笔耕不辍,将自己的研究与思考汇集成文。这不单是记录了校长和教师们对实际工作进行总结、反思的过程,更是他们教育智慧的结晶,是一笔宝贵的精神财富。

该书许多内容源于一线教师的实践总结,由于编写时间和水平有限,书中难免存在一些问题,恳请指正,以便进一步修改完善。

最后,我祝福天津港保税区空港实验小学家庭教育指导工作走向新征程;祝愿学校越办越红火,再创辉煌;祝福学校教师卓越发展、学生健康成长!

编　者

2022 年 12 月

目 录

2

第五篇
教师与家长尊重沟通　　　　　　　　　　　　　　/ 151

教师与家长用心沟通

从心理角度看,沟通包括意识和潜意识两个层面,有效的沟通必然是在潜意识层面的、有感情的、真诚的沟通。教师与家长沟通时,要以心换心,用心沟通,多注重思想和情感的交流,这样就会赢得家长的信任。没有比人更高的山,没有比脚更长的路,只要我们坚持用心沟通、用爱交流,我们的家校沟通一定能收到良好的效果,家校共建,形成教育合力,引导孩子沿着正确的人生轨迹良性发展,让孩子健康快乐成长!

暖心沟通关键词 ❶
真心

好词解读

"真心"意为纯洁善良的心,不虚假的心意。真心,最简单也最可贵。人与人之间,感情都是相互的,真心相待,诚心实意,这样会拉近彼此的距离。

教师与家长沟通时,首先要真心待人,注重情在理先,先做好详细周到的调查,再决定如何交流沟通。教师以真心温暖家长,以心换心,以情共鸣,在进行家校沟通时管理好自己的情绪,耐心倾听,互相理解,这样能充分发挥情感因素的积极作用,让家长感受到教师的亲和力,消除彼此的距离感,增强家校共育的效果。

暖心故事

高高兴兴上学去

新接一年级班主任,每天早晨我都会早早进班迎接学生,学生们正在晨读,我收到了小宇妈妈的微信:"老师,小宇性格比较内向,不爱表达自己的情感,麻烦您关注下,谢谢。"我回复家长:"好的,小宇妈妈,我关注一下。"接着小宇妈妈又发来微信:"孩子早上是哭着进的学校,情绪不太好,麻烦您安抚一下。"看到这个消息,我瞬间将目光转移到小宇身上,他正在大声地朗读课文呢,这时消息又来了:"他之前在学校吃饭哭了吗?回来说想妈妈。"连续的几条微信让我感受到了家长的焦虑,恰巧又快上课了,我赶忙回复:"小宇妈妈,您别着急,等上完课咱们聊。"

下课我仔细回想小宇的在校表现，他听课认真、乖巧，说话声音小些。记得之前收作业，他以为我要将他的数学书抢走，小手紧紧地抓着书大喊"不要，不要"，我解释说批改完会还给他，他这才勉强将数学书给我。

午休时间，我拨通了小宇妈妈的电话："小宇妈妈，孩子在学校表现不错，和同学们相处得也很好，您放心。"小宇妈妈半信半疑："是吗？这孩子特别难融入陌生的环境，每次上学前就一直哭，他一哭我就着急，问他原因也不说。"

我安慰道："您要相信他，孩子适应能力很强的，我现在发您几张孩子在学校的照片。"看到照片后，小宇妈妈语气稍缓，低落地说道："老师您费心了，我平时对他各种不放心，自己性格又比较急躁，对孩子也有影响吧。我怎么引导他和我敞开心扉呢？"

我感受到了小宇妈妈的自责和困惑，轻声问道："孩子放学回来后，您问的第一句话是什么？"小宇妈妈疑惑地说："就是问今天在学校怎么样呀？上课好好听讲了吗？老师有没有批评你？"我皱了皱眉头说："您这么问，孩子脑子里闪现的都是各种不愉快，很容易对上学产生抵触情绪。我们可以换种问法，比如今天在学校遇到什么有意思的事了？孩子会轻松地讲述一天的所见所闻，并把欢乐同您分享，即便是遇到不开心的事情，也会放心地讲给您听。""平时忙忙碌碌，忽略了孩子的感受，谢谢老师，我会改变的。"小宇妈妈的语气中带了一些期待。

未来几天里，小宇与同学们的交流多了起来，但课上回答问题还是小心翼翼，有点胆怯。这时候我又收到了小宇妈妈的微信："老师，小宇在学校怎么样？最近赖床，书包也收拾得乱七八糟，您能不能批评他一下？"感受到小宇妈妈的焦虑，我回复道："作为老师，我肯定会引导孩子，孩子接触新环境，您也要多说一些欣赏和鼓励的话，激发孩子上学的热情，给予孩子足够的安全感，比如'哇，你真的长大了，都能早起啦！''你越来越像小学生了，都可以自己整理书包了'，这样不但会让他感到开心愉悦，而且会让孩子觉得上学很光荣、很自豪。"

小宇妈妈恍然大悟，但还是不放心地说："老师，您能多关心一下小宇吗？"我笑着说："您放心，我会用心去爱护孩子，您也要努力成为孩子和我之间情感的桥梁呀！您要多对孩子讲老师对他的关爱，提升孩子的自豪感,比如'老师今天又跟我表扬你了''老师用这种提醒是在表达对你的关心'。小宇妈妈,我们一起努力,让孩子每天高高兴兴去上学。"

之后的一段时间,我定期与小宇妈妈交流班级情况以及孩子在校表现,看到逐渐开朗自信的小宇,小宇妈妈放心了很多,心态也平和了。家长看到了孩子的进步,自然能体会到老师的真心。用真心交流换来家长的认可,我的心里也暖暖的。

分析指导

在我们接触的家长中,有很多家长纠结徘徊、举棋不定,他们通常比较多疑、遇事敏感,出现问题时容易怀疑和焦躁不安,对学校和老师都缺乏信任,内心矛盾重重,总觉得没有安全感。精神以及动作漂浮不定、难以琢磨,交谈时视线不断转移,提出很多问题和质疑,顾虑重重。敏感多疑的人会将负面情绪传给身边的人,尤其易致孩子的紧张和不安。

对于这样的家长,教师需要展露"真心",做好心理建设,避免被他们的情绪所影响。在沟通前充分备课,言之有物,取得家长信任;在沟通的过程中,家长的倾诉与教师的倾听相结合,这对缓解家长情绪压力有良好的效果。教师在倾听的过程中要适当地发表评论、给出建议,并引导家长用积极的眼光看待事物,尤其是从呵护孩子健康成长的角度开导家长,帮助家长放下沉重的心事,让他们以开朗的面貌面对孩子。教师用真心去了解学生,向家长传递专业、信任的信号,促进家校合作和谐发展。

沟通感悟

父母对孩子的爱,再多也不嫌多。小宇妈妈是爱孩子的,但因为自己的焦虑让爱脱离了正确的轨道。老师要时刻关注班里每一个孩子的心理变化,用心记录他们的成长,这样与家长沟通前也会言之有物。老师与家长沟通时要认真倾听、真心相待,一步一步地缓解家长焦虑情绪和多疑心态,积极引导家长以愉悦的情绪鼓励孩子，多问积极的问题，让孩子喜欢自己的老师。希望孩子们每天都能高高兴兴去上学，也希望家长对自己、对孩子都能爱得刚刚好。

暖心沟通关键词 ② 温心

"温心"一词指的是使人的心灵感受到温暖。能打动人心的因素有很多，如：一句鼓励或欣赏的话，一个友好的微笑，一次雪中送炭的帮助……

一场"温心"的沟通，一定是双方都能站在对方的角度思考，礼貌地进行交谈。"温心"的沟通，不仅可以发现问题、解决问题，更重要的是留在双方记忆中的是无限的美好、感动和温暖。

温心的家校沟通是达成家校合力育才的关键。只有家校形成合力，教育效果才可能是加法；只有家校经常进行温心的沟通、联系，家长和学校在教育孩子的方式方法上统一思想，教育才能达到事半功倍的效果，家校相互配合，共同促进孩子健康成长。

 暖心故事

小小舞蹈家笑了

班里的欣欣是个听话的乖乖女，小小的个子，安静沉稳，大眼睛扑闪闪十分可爱。她能够每天按时完成作业，班中卫生她也很积极主动，完成得像模像样。但不知为什么，我却鲜少看到她脸上的笑容，小姑娘在学校从未受过批评，相反，很多老师都喜欢她、鼓励她。由于欣欣性格内向、不善言谈，刚接班的我担心直截了当地询问反倒引起孩子的紧张，于是，我决定先默默观察。

如此懂事、认真、负责的欣欣，为何在我刚接班时总是闷闷不乐呢？于是，在一次家访中，我第一个便选择了去欣欣家，这次家访让我更深入地了解了欣欣和她的家庭。欣欣的父亲常年在外地工作，与欣欣一年只能见两次面，欣欣母亲的工作也十分繁忙，加之欣欣还有个小妹妹，父母对她的关心不是很多。

我刚踏入欣欣家时，她正在洗袜子，看到老师来后，欣欣马上洗干净手为老师切了几个苹果，看到老师和妈妈在交谈，欣欣主动回到了自己的房间拿起《世说新语》津津有味地看着。见此情景，我对欣欣的喜爱顿时又因为她的懂事乖巧增添了几分。

经过交谈，我了解到，欣欣的妈妈并不是不关心她，相反，正是因为正确的教育方式才塑造了如此乖巧可爱的欣欣。

欣欣的母亲向我倾诉："因为欣欣擅长舞蹈，每周日都有舞蹈班的培训，步入高年级的欣欣觉得舞蹈班耗费了她学习的时间。久而久之，她对舞蹈失去了往日的兴趣，她甚至觉得，我是为了多些时间陪伴妹妹才把她送去舞蹈班。"说到这里，欣欣的母亲眼圈有些发红，"老师，拜托您和欣欣沟通一下，欣欣更喜欢听您的话"。我连忙安慰道："欣欣妈妈，感谢您的信任，请您放心！欣欣是个懂事的孩子，您也是一位积极配合学校工作的家长。只是越亲近的人越不容易讲出内心真实的感受，我会想个办法，将您的期望与苦心告诉孩子！"

虽是寒冬，与欣欣母亲的这次温暖的家访，让我倍感舒适、温馨，既是因为欣欣的懂事以及欣欣母亲的通情达理，更是因为父母与子女之间爱意的含蓄表达。

一次午休，我拍着欣欣的肩膀半开玩笑地说："你看你这么苗条，这学期个子也长得比别人高了，是不是舞蹈班上得比以前还要认真？"那是我第一次看到欣欣发自内心的笑容，她甚至跟我分享了二十分钟最近在学习的民族舞，但是说到最后她又眼圈红红地说想放弃舞蹈。我趁热打铁说道："欣欣，老师跟你分享一件我自己的事。我从小学习画画，当时我是绘画班画得最好的一个学生，但是到了六年级，我觉得画画耽误了学习，加上我的意志不是很坚定，便放弃了，这是我这辈子最后悔的一件事。现在的每个学生都在学校学习文化知识，以后长大了谁会有更多的机会？那一定是有一技之长的人，你看你的好朋友彤彤毛笔字写得一流；然然唱歌弹钢琴拿过很多奖项。还记得上次元旦联欢你跳的舞蹈《桃之夭夭》吗？老师也是因为那支舞想请你当课代表的，跳舞的人不怕吃苦、肯付出，我就是看中你这个闪光点啦！千万不要放弃！"欣欣点点头，擦干了眼泪。同年的元旦晚会，她又为大家表演了一支新学的舞蹈，跳得比以前更自信了。

如今的欣欣已经成为一名中学生，前几日她给我发来妹妹的生日照片，时不时和我分享着生活中的点点滴滴，每当收到她的信息，我都会会心一笑。

爱因斯坦曾经说过："我认为，对于一切来说，只有热爱才是最好的老师，他远远地超过了责任感。"一个人不论从事哪个行业，首先必须热爱自己的职业。只有这样他才会全心全意地投入，而热爱自己职业的动力在于能在工作中得到快乐。作为一名教师，对职业报以高度的热爱便是给学生带去无微不至的关心，做一颗露珠——"润物细无声"。

分析指导

民主型家长能认定并正确分析子女心理上的变化，及时看到子女自主性、社会性的急剧变化，并对其抱有积极的态度。同时，家长会对孩子的自主行为给予支持、奖赏及适当的指导。对子女的过失不斥责，而是分析、指出要害。总之，民主型家长尊重子女但不迁就，坚持自己的意见但不绝对化，行使自己的权利但不强制。在这种家庭环境中，父母言行的强化作用大，榜样作用持续时间久，子女虽已长大，独立性有了发展，但仍会考虑父母的忠告，效仿父母。父母与子女双向交流较多并相互尊重，彼此之间的情感会随年龄增加而加深，心理上不会存在隔阂。

由于民主型家长平日比较配合教师工作，并且较为了解自己的孩子，容易倾听和接受他人的良性建议，与他们沟通时采用"温心"沟通法即可。教师首先应认真倾听家长所遇到的问题，从而站在家长的角度冷静分析，并要具有全方位、多角度看问题的能力。

沟通感悟

家庭是孩子与世界最早接触的地方，是一切教育的开端，更是小学生接受教育和影响最持久、最广泛的地方。在当今社会中，教师不能独立解决复杂的教育问题，现代的学校教育迫切需要家长的积极参与。因此，家校间开展温心的沟通活动就成为教育工作中一个重要的组成部分，做好家长工作是身为教师义不容辞的一项责任，也是班主任的一个基本功。

我很庆幸当时的一次家访，帮助了欣欣和她的母亲正视成长路上美丽的"误会"。一位爱孩子的母亲与一个可爱乖巧的女孩，正是因为她们的不善言辞而忽略了亲人的关爱。有时，家校的及时沟通像一颗润心的露珠，润物细无声地冲刷了心墙上的蒙尘，让亲情如金子般散发最美的光辉。

暖心沟通关键词 ③
友善

"友善"一词作形容词，用来形容人际关系，意思是指朋友之间亲近和睦；形容个人品格时，则指人的友善亲切。

在沟通中，待人友好，心存善意即为"友善"。友善是我们中华民族的传统美德。在与人沟通解决问题的过程中，友善的力量往往要大于强硬的力量；面对沟通对象时，友善的态度和语言，是打开对方心灵大门的钥匙。在人际交往中，常怀友善之心可以获得更多信任和支持，同时也会减少矛盾的产生，是成功沟通的重要前提。

暖心故事

一个电话解"烦恼"

"刚才老师讲的重点内容大家都学会了吗？"我问。"会了！"大部分孩子都自信地大声地回答我，只有一个孩子怯生生地回避着我的眼神，缓缓地压低了头，他就是小睿。这个性格腼腆内向的男孩回答问题时声音特别小，遇到不会的题目甚至一句话都不敢说。课下我与他交流时，他都是单方面听我说，从不表达自己的想法。有一次我看见他在帮班级整理图书和绿植，把一本本图书按种类分门别类排列得整整齐齐，绿植也浇好水摆成一排，一滴水都没有洒出来。我随口说道："小睿真是个细心又体贴的小暖男呀！"说完还笑着冲他竖起大拇指。他愣了一下，随即不好意思地低下头笑了笑。"今天的作业有不会的吗？老师可以给你讲。"我不经意问道："嗯，有一道题不太明白。"没想到他真的问了，对于小睿这样敏感的孩子，我时刻注意自己的表情和语言，尽量释放友善的信号。通过进一步的交流，我发现他妈妈对他的期望和要求并不符合他现在的具体情况。难度较大的课外练习册加数学提高班显然不适合小睿。我当即决定和他妈妈进行沟通。

打了两次电话都是忙线，我猜小睿妈妈一定工作比较忙。于是我给她留了言："小睿妈妈，您好！非常抱歉打扰您，因为我刚接班不久，为了更好地做好教育工作，想和您简单了解一下孩子的情况。"直到晚上8点左右她才打过来电话，"老师实在不好意思，"她的声音有些急促，"今天太忙了，想着闲下来回您电话，没想到就这个时间了。"她有些抱歉有些疲倦地说道。我赶紧说："没事的小睿妈妈，冒昧跟您联系，是我给您添麻烦了。不着急，您慢慢说。"听到这，她舒了一口气，打开了话匣子。果然如我所料，她和孩子爸爸平日工作较忙，没有太多时间陪伴孩子。"老师，不瞒您说我和他爸都是硕士研究生，学习工作不是问题。这孩子平时做事、写作业一点都不像我俩。"小睿妈妈懊恼地说道。夫妻俩对孩子的各种拖沓、不自信有些不能接受，他们希望孩子能够有更加优秀的表现，而现实却事与愿违。她滔滔不绝地诉说着，而此刻我就是一个友善的、耐心的倾听者。

在与小睿妈妈沟通时，她的每一个疑问我都会耐心解答。"职场妈妈兼顾孩子学习真的非常辛苦""小睿在课堂上听课比较认真，课下也能够积极主动的完成作业""他是个非常细心又温暖的孩子，乐于助人，爱护班集体""您别担心，他把基础知识再巩固一下就会有很大的提高"……每一句话都传递着我对家长的友善和对孩子的关爱。听她诉说身为一个母亲的无奈和对孩子的期望时，我强烈地表示认同："我家孩子也是。"让她知道我也会有相同的境遇，这是孩子和家长经常会遇到的问题。我友善地同她站在了一起，一下子拉近了彼此的距离，从家长和老师的关系转变为"同是天下慈母心"的朋友，使她焦燥的情绪慢慢地平静下来。

接下来便是我的主场了，我耐心细致地和她交流孩子在校的各种表现，从孩子的优点切入，让家长能从老师的口中了解那个她看不见的小睿有多棒。当家长表达出"原来他还有这么多的优点"时就是释放我们开始问题交谈的信号了，这时我们一定要注意语言的友善委婉，"孩子在数学方面的表现一直都在进步，如果基础知识再扎实一些就更好了"。然后根据孩子的学习问题和困难提出一些有针对性的、具体的建议。比如，每天练习30道基础性口算题，让小睿充当"小老师"给爸爸妈妈讲题等。这样可以帮家长和孩子树立一个短期可达成的小目标，让孩子能够脚踏实地循序渐进地提升学习兴趣和成绩。

　　叮铃铃，下课铃声响了。"这种解法大家听明白了吗？"我问，"明白了！"一个清晰的声音率先进入我的耳朵，咦，是小睿的声音。我寻声望去，他正坐姿端正一脸认真地看着我，那双眼睛比任何时候都有光彩，这感觉真好！

分析指导

　　对于一个家庭来说，"望子成龙，盼女成凤"是大多数家长的初衷和期盼。他们重视孩子的教育，对孩子有比较明确的要求和期望。但是有些家长将这些要求和期望建立在自己个人喜好或是自己没有实现的愿望上，时常忽视孩子的兴趣与能力。还有的家长总是拿自己孩子和别人家的孩子进行对比，只看到别人家孩子的优点和自己家孩子的不足。甚至当自己的孩子取得一定进步后，还是觉得他们做得不够好，进而提出一个更高的目标，在无形之中给孩子带来过高的要求和压力。

　　在与这样的家长沟通时，我们首先要释放"友善"的信号。语言中的友善可以缓解压力，态度中的友善可以化敌为友。在与家长沟通交流时要"心存善意，面露亲近"，让家长看到以及感受到老师对孩子的关心和对家长的理解。就像我想要与小睿妈妈沟通时，就要先站在一个母亲的角度去思考问题，如果我直接说孩子学习有问题需要跟她沟通，势必会给她带来紧张和焦虑的情绪，可能还会有些许抵触的情绪，这样不利于工作的进一步开展。而当我把理由说成是为了自己的教育工作时，这种友善的态度就使家长放下了心中的戒备，更容易跟我们交心。

　　友善是尊重的前提，老师尊重家长"望子成龙，盼女成凤"的期望，尊重家长对学校教育的期待。让家长感知教师友善态度的同时看到孩子的优点，树立他们的自信心，这样做能让家长更加全面地了解孩子；我们不能只在乎孩子的学习成绩，还要关注孩子的方方面面。

让家长能正确认识孩子,这样才能打消对孩子超出目前能力的期望和要求。

沟通感悟

一个友善的电话,一次以爱为名交心的沟通能够帮家长和学生解决一些"烦恼"。我想,有时老师与家长之间的沟通不当就是因为彼此站错了方向。我们不是对立的关系!友善的力量能够让我们看清方向:我们应是携手共进的朋友,我们应是共商谋略的伙伴,家校的初衷一样,那就是为了孩子更好地成长!我们常把孩子比作幼苗,而友善的力量就像温暖的太阳、和煦的春风。家校之间友善地交流,才能真正地帮助学生成长,帮助家长解决问题。

暖心沟通关键词 ④
关心

"关心"指把人（或事物）常放在心上；重视和爱护。在暖心沟通中的意思是指教师要把家长的需求放在心上，让家长感受到教师的关爱。

在心理学中，人有不同层次的需要，包括安全、爱和归属、尊重等需要，因此我们的家长也有各种各样的需要。在沟通中，部分家长因家庭关系等原因，更应该得到老师的关心。这时就需要教师用心找到恰当的方法，与家长沟通交流，关注对方的心理变化和现实需求，走进家长内心深处，安抚家长不稳定的情绪，从而更好地帮助孩子成长。

一剂"特效药"

"老师，我胃又不舒服了，想要回家。"这是皓皓今天见到我说的第一句话。

皓皓是一个有些微胖的男孩子，看似很可爱，但他的身体不好，学习成绩也不理想，甚至有些不良行为常让我无从下手。皓皓的家庭情况十分复杂，是离异再组建家庭，父子间沟通较少，新妈妈对孩子的关心不够，家庭教育缺失。我不止一次和皓皓爸爸联系，但是皓皓爸爸抗拒态度明显，经常敷衍地说："老师，您不用管，我心里有数。"于是我决定去皓皓家家访。

起初，我跟皓皓爸爸联系要去家访，皓皓爸爸表现得非常兴奋，并强烈要求接我去家里。路上，我抓住机会，与皓皓爸爸亲切地聊了起来："您今天工作忙不忙？""平时还要照顾孩子，太辛苦了！"……一句句关心的话语，慢慢叩开了皓皓爸爸紧闭的心门。没过多久，皓皓爸爸长叹一口气说："我平时工作太忙了，爷爷奶奶照顾孩子比较多，所以我总想补偿孩子，就是不得要领，适得其反。"从皓皓爸爸的言语中，我感觉到他不是我想象的那样难以交流，只是不太会正确表达自己的感情。

"哎，天天不学习，也不听我的话，您说这孩子到底怎么办呀？"一进门，皓皓爸爸就焦急地询问我。皓皓爸爸的话，让我意识到爸爸内心的敏感，他对孩子期望过高，却又找不到合适的教育方法。于是我将心比心先从疏导皓皓爸爸紧绷的情绪入手。"皓皓爸爸，其实咱们孩子在班里特别懂事，昨天还争着给班级打扫卫生，作业完成情况也有了很大的进步，这样的孩子，难道不令您骄傲吗？"皓皓爸爸听了我的话，似乎有些诧异，没想到与自己对着干的孩子居然还有这样一面，他紧绷的身子开始逐渐放松起来。于是我顺势提到："皓皓爸爸，我知道您事业有成，对孩子也十分关心，咱们对孩子的教育要对症下药，相信您听过一个好父亲胜过一百个老师的话。我观察过皓皓的情况，其实他对自己的要求很高，但遭遇失败后又很脆弱，由于缺乏积极情绪的引导，导致他没有安全感，需要您多进行一些积极的引导，争取每天都能和孩子聊天，多关心他，让孩子感受到家庭的温暖，获得肯定感。"皓皓爸爸感受到了我的诚恳，肯定地点点头："老师，您说的这些内容我从来都没有注意过，为了孩子，我愿意试一试！"另一方面，因为这个孩子身体不好并有点厌学，我又真诚地建议："咱们在日常生活中一定要注意孩子的饮食健康，毕竟身体是革命的本钱。和孩子聊天也先尽量不要谈学习，多问问孩子在学校发生的事，多表扬并增强孩子的信心，等孩子打开心扉后，再谈论学习，这样会有事半功倍的效果。今后有什么需要我帮助的您一定和我说，我是您最坚强的后盾！"

同时我还特地把皓皓喊过来，柔声地说："孩子，其实周围的人都很关心你，尤其是你的爸爸，只是爸爸不太善于表达，你可以和家人表达自己的心声，一会儿老师走后，和爸爸聊聊天，好吗？"皓皓腼腆地点了点头。家访结束后，我明显感觉到皓皓和爸爸的关系更加亲近了，皓皓的脸上也常常挂着笑容。

当然，要想彻底改变皓皓，还需要发挥学校教育的积极作用。我想对于皓皓，不仅是有学习上的关注，还应该给予他更多妈妈一样的爱。每天我都会关注孩子的身体状况和生活情况，及时和皓皓爸爸沟通，提一些小建议。后来皓皓在一次课后小练笔中写道："家访后的那一次和爸爸的交流，是我们第一次心平气和地聊天，那种温馨的气氛令我难以忘怀。也因为敞开心扉，让我对爸爸有了更多地了解，也对自己的行为有了深刻的认识。"

就这样，在我和皓皓爸爸的共同努力下，这些方法最终汇成了一剂"特效药"。皓皓身体不舒服的情况减少了，学习态度也有了很大的提升，并且能以更加积极乐观的心态面对现实生活。我想教育的最大魅力就是创造，创造无限可能的魅力。

分析指导

有一类家长性格敏感多疑、心思细腻、情绪不稳定，可能还会有极端状况出现。因为复杂的家庭关系，家长对于孩子常怀愧疚心态，过度保护、补偿孩子，但是又因望子成龙而对孩子过分严苛，时常将自己的想法强加于孩子身上，不听取孩子意见，令亲子关系不堪重负。与他人沟通交流时存在两种极端倾向，一方面碍于颜面有意遮掩自己的想法和需求，不敢正视自身问题，从而使问题一再积压，给孩子带来更大伤害；另一方面，家长只关注自己的需求，单方面输出自己的想法。

针对这类家长，需要教师有足够多的"关心"。教师首先要了解学生家庭情况，了解问题的源头，方便对症下药。不论面对什么样的问题，教师都要抱着关心的态度与家长沟通交流，让家长充分感受到教师是真心帮助家长分析问题，为学生成长和发展着想。同时教师在沟通时要注意语言表达方式和语气，多一些理解和关心的话语，以润物细无声的姿态营造出良好的氛围。这样，才能使家长能够直面自己，表达自己的情感，从而达到有效的家校沟通。

沟通感悟

　　爱是教育成功的桥梁，只要给予家长和孩子足够多的爱与关心，在和家长的一次次有效的沟通、和孩子一次次关心的表达中，以心交心、以爱育人，就可以使我们更加了解家长和孩子，为家校携手共同培养孩子打下良好的基础。

　　在与家长沟通时，教师要讲究沟通的艺术，将心比心，真诚以待，在轻松的氛围中与家长交流，这样才更有利于解决问题。与此同时，孩子在爱中发现自己的闪光点，体会到老师以及家长对他的期待，可能会改变孩子的一生。

暖心沟通关键词 **5**

细心

好词解读

　　"细心"是指教师在与家长沟通时养成细心观察的习惯，观察到问题并要多听多问，少表达自己的主观意见，不然永远无法找到家长想要的点和关注的点。细心观察、耐心倾听不单单是礼貌，还是教师与家长顺利沟通的关键。

　　教师细心观察并认真聆听家长内心的想法，才能洞察到家长的心意到底是什么，知道接下来该怎么做。这些问题不是我们通过猜测，而是通过捕捉沟通中家长的语言表达、肢体动作等总结出来的。任何的沟通都是建立在为孩子更好地成长的前提下，教师细心倾听家长的话语，细心观察家长的状态，再加上细心的沟通，这样才能打开家长的心扉，让他们把内心不满意、不理解的地方说出来，而这些正是在教育工作中需要改进、完善和提升的地方。

暖心故事

"小餐具"拉近心间"大距离"

　　伊伊是一个单亲家庭的孩子，父母离婚后便与母亲一起生活，父亲平日工作繁忙，伊伊还有一个弟弟，大多数时间母亲一个人带两个孩子，家庭压力大，导致该母亲情绪容易暴躁，在看到自己的孩子调皮或者犯错误时缺少耐心，对孩子大打出手或言语暴力，以发泄自己心中的愤怒。伊伊的父亲陪伴伊伊的时间相对较少，对孩子缺乏了解，加上家中情况的特殊，在碰到伊伊妈妈教育孩子情绪激动时，伊伊爸爸也会出现情绪暴躁的情况。对于伊伊的爸爸来说，工作、家庭和教育孩子的压力一起压在身上，让他在碰到孩子出现一点小问题时感觉自己教育孩子十分失败，但又难以接受自己不成功的事实，所以经常推卸责任，通过对学校以及老师挑毛病来发泄自己的情绪。

有一天早晨，伊伊迟到了，正当我在教室内准备给伊伊的家长打电话询问情况时，收到了门卫传来的消息：伊伊的父亲情绪激动，并在校门口大吵大闹，语言偏激。听到消息后我一头雾水，并立即向门口的老师了解情况。通过门卫巡查老师的描述，我弄清楚原来是伊伊前一天将餐具落在了学校的其他班级，并且连续两天忘记将餐具带回家，餐具的问题让伊伊的母亲做出了冲动偏激的行为，不但不让伊伊来学校上课还对孩子进行打骂。伊伊的父亲在知道情况后非常生气，但又无法向伊伊母亲发泄情绪，因此将火气撒到了学校以及老师的身上，扬言是学校扣下了孩子的餐具，故意不将物品归还，并在学校门口大吵大闹，要老师将餐具归还给他。

在了解事情后，我立刻赶到了学校的门卫处，希望第一时间与伊伊的父亲沟通，安抚他的情绪，可此时伊伊的父亲已经离开门卫处。我回忆以往和伊伊父母进行交流和沟通的画面，试着站在他们的角度思考问题，在这件事情上，伊伊父母生气的根源一定不是因为餐具落在学校，餐具大概只是一个导火索，毕竟一副筷子也没有多么贵重，伊伊的父亲心里也很清楚学校不会故意将孩子的餐具拒不归还。他只是被愤怒冲昏了头脑并且无法得到排解，家庭关系的改善和管教孩子没有显著的成效，使他迫切地想寻找一个发泄口，所以做出了这样偏激的行为。冷静思考后，我立刻拨通了伊伊爸爸的电话。即使我已经大致了解了事情的始末，也没有急于表达自己的看法，也没有急于解释事实，而是耐心地询问伊伊爸爸："伊伊爸爸您好，发生什么了？"伊伊的父亲语气里带着焦急："孩子的餐具放在学校两天了！都臭了！放在别的班级里，一定是哪个班级的老师扣着不愿意给她！"伊伊的父亲情绪激动，完全不给我说话的机会。"孩子的妈妈因为餐具的事情，早上起来不让孩子上学，在家里动手打了孩子！"在伊伊爸爸的话语中，我捕捉到了他愤怒的原因，一是孩子丢三落四，几天都忘记把餐具带回家；二是由于这件小事造成了孩子母亲情绪激动，影响孩子来上学。所以他带孩子在学校门口做出了过激的行为。于是我先耐心安慰伊伊的爸爸："您先不要着急，我十分理解您的心情，餐具的事情和您了解到的有一点偏差，您先别急，听我来给您讲一下可以吗？"伊伊爸爸此时还是比较生气，停顿了一会儿，说："好的。"于是我耐心地讲了伊伊忘记把餐具带回家这件事的经过，并且解释了家长对学校的误会。此时伊伊爸爸的情绪稳定了下来，表示理解学校的工作。

在这次"餐具风波"后我继续跟进了伊伊的情况，观察有没有因为这次事件对她的心理造成了影响，并且及时给伊伊的家长进行反馈，表扬孩子的点滴进步。在沟通的过程中，我细心观察伊伊家长的情绪的变化，在这样一次一次的沟通中，伊伊的家长逐渐对我多了几分信任，我们的距离也在"餐具风波"后一点一点拉近，从"对立的老师"变成了"信任的朋友"。伊伊妈妈还经常以朋友的身份与我分享她教育孩子时的困惑，还直言："和您聊过后感觉心里踏实多了。"

分析指导

在我们的日常工作中可能会碰到这样的家长，他们的家庭环境情况比较特殊，比如经济问题、单亲问题等，导致内心十分脆弱、情感非常细腻，并且敏感、多疑、自卑。家校沟通时，此类家长有时会较为偏激，由于其心理导致做出异样的行为，由于家庭关系复杂，工作压力以及家庭压力大，在看到孩子调皮或者犯错误时缺少耐心，对孩子大打出手或者进行言语暴力，以发泄自己的愤怒。在教育孩子不顺利时，家长觉得自己教育孩子失败，但又无法接受，行动偏激。

对这样的家长，老师需要更细心地关注孩子的变化，选择适当时机和家长沟通交流。沟通的时候要多报喜少报忧，激发家长对孩子的爱心和期望，慢慢获取家长的信任和配合。同时，在沟通时细心观察家长的心理状态，细心与之沟通。

沟通感悟

在与内心脆弱并且行为偏激的家长进行沟通时,我们要细心观察,"心平气和、以礼待人",即使他们有过激的言语或行为也要先稳定住家长的情绪,不能火上浇油,避免硬碰硬,与其发生正面冲突,以最大的善意表现与人为善,细心倾听家长的诉求并理智分析,最后心平气和地共同解决问题,细心温柔地安慰家长。牢记"细心",这样沟通就能变得顺畅。大部分家长都是通情达理的,他们的目标就是让自己的孩子变得更好,我们要让他们知道老师的目标和他们是一样的。也有少部分人不配合,甚至很难打交道,但任何时候老师跟家长说话都要保持平静和礼貌,不能情绪激动地和家长理论,无论他们如何刁难都要细心聆听,这样才能获取家长的信任,为开展工作打下基础。此外还可以主动与家长进行沟通,可通过电话进行访问,告知自己是怎样鼓励孩子的、孩子有了哪些进步;告知家长当孩子思想出现波动时,自己是怎样与孩子沟通的;孩子犯错时,自己又是怎样批评的……让家长感受到老师教育方式的有效性。

暖心沟通关键词 6
热心

好词解读

"热心"一词的意思是有热情,有兴趣,肯尽力。热心是教师应具备的品质之一,教师有热心,才能主动和家长沟通交流,拉近家长与教师之间的距离,全面了解家长的想法,从而全力帮助家长解决问题。

在与家长沟通中,老师要热心帮助家长分析问题,打消他们的疑虑,逐条分析事情的利弊。只有让家长消除顾虑才能与教师和学校达成共识,形成良好的合作关系。

 暖心故事

"一幅画"让我们都笑了

"赵老师,您说我们孩子参不参加社团活动啊?要不还是不参加了吧。"

那一天正值我负责组织学生放学,小宇妈妈看到我便又和我说起关于小宇参加社团的事情,这已经是小宇妈妈第五次跟我说同一个问题了。前几次我和小宇妈妈简单地说了几句,建议小宇妈妈听听小宇的想法。小宇是一名绘画能力很出众的学生,私下我也询问过小宇愿不愿意参加社团,他低着头很久不说话,到最后也只是轻轻点了点头,那时我发现小宇变得有些怯懦了,以前的他可是一个爱冲我笑的男孩,看来小宇妈妈的行为影响了孩子。为了让小宇变得自信、阳光、开朗,这一次我决定要与小宇妈妈进行一次深入交谈。

我把小宇妈妈请到一旁说:"小宇妈妈,之前您不是一直向我打听咱学

校的社团活动什么时候开始，很是期盼小宇能参加社团活动吗，现在您又不让孩子参加了，是有什么顾虑吗？可以和我说说吗？"小宇妈妈不说话，视线一直在身旁的树上来回移动，不看我，过了一会儿皱着眉说："赵老师，您这么想让我们孩子参加社团是有什么目的吗？"我先是愣了一下，内心感到很诧异，看来小宇妈妈对我缺乏信任，有了误解。

"小宇妈妈，如果您不忙，可以去前面的公园长椅等我几分钟吗？我去办公室拿些东西给您看一下，相信您看完之后就会知道我为什么想让小宇参加社团活动了。"小宇妈妈同意后，我快速回到办公室找到小宇平时的绘画作品，到达约定地点，递给了小宇妈妈。小宇妈妈接过画作认真地看了一遍又一遍，抬起头激动地问我："老师，这些都是小宇画的吗？我都没见过，原来小宇画得这么好啊！"我点点头，对小宇妈妈说："是的，小宇妈妈，这些都是小宇在学校里完成的，正如您所见，小宇非常有艺术天赋，绘画能力很强，特别喜欢画画，他画的不少作品都得了奖呢。我想让小宇参加社团活动是希望孩子的才艺能得到施展，不要被埋没了。"小宇妈妈听了之后很开心，但瞬间表情又凝重了，我握住小宇妈妈的手亲切地说："您有什么想法或疑虑都可以跟我说，我和您一起分析一下。"小宇妈妈叹了口气说："您是位热心、细心的老师，相信您也发现了小宇的变化，这孩子不像以前那么爱说爱笑了，一回到家就关上自己的房门，也不和我说话，我觉得会不会是孩子在学校的时间太长累着了？厌倦学习了？我担心他参加社团活动时间长会更累，要是变得更加沉默、不愿说话该怎么办啊？我也知道孩子喜欢画画，一直在犹豫要不要让孩子参加社团。"

面对小宇妈妈纠结忧虑的神情，我耐心地对她说："小宇妈妈，您的顾虑我了解，确实，孩子如果变得越来越沉默不爱表达会不利于自己身心成长，您的着急我能感受到。我跟您说一说小宇在我的美术课上的表现吧——小宇是个非常认真的学生，他的绘画能力很强，想象力也很丰富，他一画起画来便会非常投入，我常常在全班同学面前展示他的画作，表扬他，他非常开心。我很欣赏小宇，发现他的变化之后便向他的班主任老师询问了他在班里的情况，发现他除了不爱说话，其他都很好，跟同学们相处得也很好，您看这是他和他作品的合影，笑得多开心啊。"我拿出手机给小宇妈妈看小宇的照片："您现在还觉得小宇是因为厌倦上学、画画太累而导致回家后沉默不语的吗？"小宇妈妈听完我的话后脸上的神情越来越自责："原来不是学校的原因啊，看来是我的缘故，前段时间我丢了工作，经常和孩子爸爸吵架，本以为孩子不懂，没想到还是影响了小宇。"听到这里我轻轻地抱了抱她，安慰她说："小宇妈妈，绘画其实是孩子表达自己内心感受的一种方式，它可以让孩子表达出无法用言语表达的内容，同时也可以对孩子心理、思想、情操和人格进行辅助教育。我看到的是在画画时沉浸在自己世界里非常快乐的小宇，是与自己作品合影笑得非常开心的小宇，这样快乐的时光我们可以让它更长一点，好吗？"小宇妈妈激动地对我说："我们小宇要参加社团活动，我让孩子每周都参加！"我听到后感到很欣慰很开心，连忙点头。

在之后的美术社团活动中，我每次都看到了小宇的身影，小宇也变得越来越爱笑了。

分析指导

在我们的日常工作中，可能会遇到一些对孩子不放心、不信任的家长，他们通常对自己的孩子没信心，多疑又敏感，总觉得自己的孩子没办法做很多事，没能力取得成功。他们会对孩子和教师提出很多问题和质疑，对一些事情总是会有很多想法，顾虑很多，要做决定时经常举棋不定，对学校和教师也缺乏信任，往往会把事情变得复杂化。

对待这样的家长，需要教师的"热心"。教师要积极热心地与家长交谈，用心倾听家长的诉说，让家长把自己的想法充分表达出来，在交流过程中，教师要用心捕捉家长在诉说时的表情及情绪的变化，不要没有耐心，更不要失去解决问题的热情。通过与家长的交谈分析，推断家长犹豫不决的原因，弄清顾虑所在。这样的家长大多是自身缺乏安全感，从而对他人缺乏足够的信任。对此，教师应善于换位思考，把自己置于家长的位置，思考自己有如此顾虑时哪些言语可以消除自己的疑虑。如果家长还是心存疑虑，教师可以在平时多积累一些学生在校期间的照片或作品等，让家长感受到老师为孩子解决问题的热情及真心，从而乐于去信任，敢于去决定。

沟通感悟

　　家校沟通，合作才能共赢。与小宇家长沟通时，我用热情之心，解决了家长一直担忧的问题，用小宇的画作和照片帮助家长消除了对老师、对学校的误解，拉近了我们的距离。我积极热心地与家长沟通，提醒并开导家长，避免了家长的消极情绪持续对孩子产生不良影响，重塑家长对孩子的信心。这次热心的沟通不仅使小宇变得快乐自信，还得到了家长的信任，让家长感觉到我在用心关心他的孩子。这样的家校沟通方式会让教师获得家长的信任和支持，让家长对孩子在校的学习和生活感到放心，家校合育更有力量。

暖心沟通关键词 7

温馨

好词解读

"温馨"的意思是温和芳香。它是指某种环境或氛围给人以舒适又美好的感受。可以是布置温馨的会客室,也可以是人与人之间温馨的关怀。

在沟通中,温馨是我们创设的一种舒适的交流环境,是我们重视、尊重交流者的一种体现,创设温馨的沟通环境是家校合作必不可少的一环,更重要的是在交流过程中能给予对方心灵上的关怀,比如一杯沁人心脾的茶水、一个简单又温暖的拥抱等。站在对方的角度展开谈话内容,让交流效果事半功倍。

 **暖心故事**

真正为了孩子"好"

课间操铃声响起,随着老师的一声"下课",同学们纷纷开始收拾东西,恨不得马上来到操场活动,正当我组织孩子们有序外出站队之时,发现梓琛还在自己的座位上一动不动,一副不情愿的样子,这让我一下子警觉起来,平时大课间活动他可是最欢实的一个孩子啊,今天怎么一副闷闷不乐的样子呢? 我走下讲台,来到他的身边,俯下身对他说:"梓琛,到大课间活动啦!"

"老师,我热……"梓琛小声地嘟囔道。

"把外套脱掉,只穿背心就可以啦! 外面天气穿短袖正合适!"

"我……我里面没穿背心……"梓琛看我一脸疑惑,说道:"我妈怕我脱外套,就没让我穿背心,"他又补充道,"有一种冷叫我妈觉得我冷!"

几句话下来,不禁让我陷入沉思,我想起几天前的一件事:天气很冷,下午放学时同学们都穿好长袖,梓琛也带长袖了,但他坚决不顾老师劝阻,放学路上把长袖系在腰部,尽管我再三嘱咐,梓琛就是不肯穿上,并得意地告诉我:"今天是妈妈接,我要证明给妈妈看——我不冷⋯⋯"

虽然是一次短暂的对话,但作为班主任,我感受到他的内心是充满敌意的。这两件事情让我迫切地想了解梓琛的家庭情况,我先是从家委会打听到梓琛的父母都是高知分子,对孩子的教育要求比较高,希望孩子在各个方面都能达到完美。有了简单的摸底,我随即约见了梓琛妈妈,下课后我和梓琛把教室打扫干净,随后我将四张课桌摆在一起,营造出小组面对面的亲切氛围,一束淡水百合的清香让人沉醉,并用梓琛捐赠的纸杯为他的妈妈沏上一杯茗茶,为我们的见面营造了一种温馨的氛围。

送走了孩子,我迎来了梓琛妈妈,当她走进教室那一刻就感慨道:"老师,第一次来教室,咱们的教室好温馨啊!"

"这干净漂亮的教室都是我们卫生组长梓琛的功劳!"

"老师,这个活,他可以的!我们在家也会给他分配劳动任务。"梓琛妈妈自豪地补充道。

"我看您平时工作比较忙,梓琛表现得这么棒,您是怎么引导孩子做到的?"我的这个问题,也打开了梓琛妈妈的心扉,她跟我讲:"老师,我们工作特别忙,所以从小我就锻炼他要自立,一起做计划表,我争取把一切预知到的都给他安排好!"

"我也是一位妈妈,明白养育孩子的不易,特别理解您,但是我也很困惑,因为有时候我们大人的预知,孩子可能并不领情,不知道您和梓琛有没有这种情况?"

"有的老师!最近这两年我们也比较苦恼,因为他的反抗频率好像越来越多了,比如家里卫生也不好好保持了!"梓琛妈妈无奈地撇了撇嘴:"我知道他不愿意听从我的安排,可有时候我又着急上班,只能强制要求或者吓唬他!"

"吓唬?怎么吓唬他啊?"我追问道。

"免不了加一项家庭作业或者限制一次他最喜欢的业余活动⋯⋯"

听着梓琛妈妈的一番论述，我在肯定妈妈对孩子的用心教育时伺机将孩子的两次"穿衣"事件提了出来。"梓琛妈妈，我非常欣赏您这样的家长，对您在工作和家庭的周全安排表示佩服！"我想先从心理上让家长感觉到平等；接着我肯定了梓琛的优点："梓琛这么优秀，今天我也了解了原因，感谢您，才让我有了这么一位优秀的卫生组长！"让家长从情感上接纳我；"梓琛妈妈，您也发现了，孩子小的时候都很乖，可能一颗糖果就能满足他，对于您的安排，他也能乖乖遵从；五年级的孩子，您再看看，他的眼里除了当初的糖果，是不是有了更多的心理期待？您认为那是什么呢？""期待有些事自己做主，渴望信任他吧！"

"对，期待信任。孩子的长大无疑需要我们适当放手，给孩子充分的信任，就像当初我们看着他迈着稚嫩的步子走进学校大门的那一刻，我们眼里满是不舍与不安；如今，我们尊重孩子的心理发展特点，适当放手，我们还是会有不舍与不安，生怕他少穿一件外套而感冒，少喝一杯水而咳嗽，可是啊，梓琛妈妈，在孩子需要的时候给予他帮助，孩子才能在成长中得到应有的滋养，焕发出蓬勃的生命力！"说着我转向班级墙优秀学生一栏指着梓琛的名字，向她介绍梓琛在学校的优秀表现，妈妈扭头看向自己儿子的照片，起身向我鞠躬道谢。这样一来，让家长看到子女的成长，从情感上打动家长，形成一个温馨又融洽的对话氛围。

"我明白了老师，感谢您对孩子的肯定，也感谢您的指点迷津，我们需要时时反省更新自我的教育观，适当放手，这样也是为孩子好，以前育子之路偏离了航道，我们一定改正！"

"跟您的沟通真愉快，家是孩子感到温馨的地方，我们要在生理和心理上多加关心孩子的需求点，了解孩子的日常生活情况。我们的共同目标都是为了孩子好。以后我会多跟您分享孩子在学校的表现，如果遇到什么预知未达的情况，我会联系您，您就安心工作吧！"梓琛妈妈对我再次表示感谢，相信这样一来，孩子会慢慢意识到家长的良苦用心，家长也会了解孩子的内心感受，纠偏补正，让亲子关系更加和谐，家庭氛围更加温馨。

分析指导

有一种家长我们称之为完美型家长，完美型家长偏向于对自己的教育行为高度自信，对孩子的教育要尽善尽美。这一类家长虽然支持教师工作，但他们过于"自信"导致其往往看不到自己在教育子女方面应该改善的地方，与教师之间的关系看起来常常是和谐的，但表达情绪的方式往往是"不紧不慢"，又想隐晦地表达出自己意见和建议，还特别想得到老师的肯定，能够让他人与其产生共鸣。

针对这样的家长，教师在与其进行沟通时，温馨很重要，教师要特别注意谈话的态度、方式和表情，争取给家长留下良好的第一印象。教师能附和家长的正向观点，循循善诱，耐心地与家长提出我们的看法，切记一次沟通尽量只提出一种改进的意见，不宜过多，避免引起家长的反感，还要结合具体事例，从根源上让家长看到老师一直关注孩子，真心地为了孩子好，才能保证我们的谈话顺利进行，达到谈话的目的。

沟通感悟

完美型家长其实很需要教师营造出仪式感，与他们在教育孩子产生共鸣感，让其感受到我们真真切切是为了孩子好。教师在沟通时除了要营造温馨的沙龙式的对话环境，还要如实向家长反映情况，请他们先提出教育的措施和处理的意见，认真倾听，拉近彼此的距离，这样沟通就会减少一些障碍，家长也会愿意敞开心扉。因为一般讲来，这类家长比较注重对孩子的教育，只是他们没有意识到方法不当，教师只需交谈时适时点拨、引导，把自己平时的理论学习运用到实处，帮助家长指出具体可操作的方法，他们都会乐意接受。每个班级都会有这样的家长，他们有一定的知识修养，在教育孩子方面有独到的见解，与这类家长交谈后通常都能达到预期的效果。

暖心沟通关键词 8
及时

好词解读

"及时"意思是正赶上的时候，恰在需要的时候，可谓得到有利时机。与家长沟通要正确及时把握最佳时机，当家长内心需要时，我们的教育才会有效果。教师必须及时与家长沟通，给予家长充分的理解和尊重。家校共育，教师不妨及时与家长沟通。

 **暖心故事**

一瓶饮料的纷争

新学期开始，俊俊下课时走到讲台前问我，是不是有人给他告状带饮料了？其实并没有，我顺着他的话问了回去："你带饮料了？"俊俊直接回到座位把他带的饮料放到讲台上。询问其原因，才知道是俊俊的水杯丢了，妈妈着急送他上学，没时间给他买新水杯，就让他带瓶饮料应付一下。俊俊知道学校不让带饮料，可能是出于一种不安心理，他才会来讲台前问我前面提到的问题。这时候要上课了，我快速给出俊俊两个建议：饮料没收，用一次性纸杯，或者饮料打开倒掉，用该饮料瓶喝水。

俊俊是一个个性刚烈的孩子，果不其然，他都拒绝了，情绪也直接影响到了下节课。和俊俊快速沟通后，我想着孩子也不能一天不喝水，于是给俊俊的妈妈打了一个电话，语气说不上多好，说明了事情的原由并告诉她有时间给孩子送个水杯。俊俊妈妈告诉我这会正忙，一会儿给送，同样语气也算不上多好。

午休还没结束，我便收到俊俊妈妈的信息，水杯送来了，让孩子到校门口拿。其实在上午打电话时，我已察觉到俊俊妈妈语气不太好，于是我主动跟着俊俊一起下楼见了他的妈妈。在他拿到水杯后，我看准时机，及时来到俊俊妈妈面前，告诉她我是俊俊的班主任，我想和她面对面聊一聊。这是我第一次和俊俊妈妈见面，俊俊妈妈的脸上并没有以往电话沟通时的热情，语气冷漠地说可以，心不甘情不愿地留下来了。

当天，十二月的一天中午，天气很冷，我和俊俊妈妈都穿着厚厚的羽绒服抵挡寒风。站在校门口的我，一上来就将问题像倒豆子一样噼里啪啦地说给俊俊妈妈听。与以往电话沟通时的顺畅不同，这次在我说完问题之后，俊俊妈妈沉默了很久，从她的脸上我能够强烈地感受到她此时心中的不满与压抑。此时的我敏锐地意识到她很反感我的表述，并且在这种情绪之下还有一种无力感。

我的大脑中快速思考着如何打破僵局，让俊俊妈妈主动打开话题。于是我决定先转变策略，主动"递话"给俊俊妈妈："您大中午的赶到学校来，吃午饭了吗？我给您打电话的时候在开会，您工作很忙吧？"毕竟真诚是杀手锏，这种朋友间的问候在这个时候比之前倒豆子似的"告状"更能让人打开话题。说完这些我时刻观察着俊俊妈妈脸上的表情，只见她腼腆地一笑，我知道我成功地打开了今天沟通的大门。于是我更加主动地跟俊俊妈妈说："您心里有什么想法，就直接跟我说，咱们现在可是战友啊！"

听到我打趣的话语，俊俊妈妈才慢慢打开了话匣子，一开始是对我的不满意，我耐下心来听她的诉求。老师应理解家长望子成龙的苦心，理解家长偏爱自己孩子的私心和需要尊重的自尊心。在与家长交流时老师要专心倾听，让家长感到自己很受重视。沟通要有及时性和实效性。渐渐地我发现她的想法和我们之前沟通的完全不一样。之前的沟通是尊重与支持老师，而现在言语里表达的都是这一学期对我的不满意。例如对孩子管束太严，总是给她打电话，每次接我的电话都很有压力等。

我突然意识到，之前的种种配合都是表面上的配合，而内心的真实想法从来没有表露过，我很庆幸这次及时的沟通。此时，我认为应化被动变为主动，让她说出内心最真实的想法，这样才有助于家校合作，有助于更好地沟通情况，促进学生的进步。接下来，我积极地鼓励她说出自己的想法，从俊俊妈妈话语中,我开始全方面地了解俊俊,了解前四年的学生生活,幼儿园的趣事,平时与父母相处的点点滴滴,也了解到对于我的建议他都抗拒的原因。原来俊俊小时候上的国学幼儿园,这个幼儿园的教育理念就是坚决不许浪费,所以我的两个建议对他来说都是浪费了这瓶饮料。这时候的我一直主动引导着俊俊妈妈进行沟通,在俊俊妈妈说完后总是及时地进行反馈,也感受到了作为父母的不容易。哪个妈妈不想自己的孩子变得优秀,受到老师的表扬,结果老师一打电话来就是出现了糟糕的状况,我感受到了俊俊妈妈的压力。谈话的最后,我和俊俊妈妈拥抱了一下,同时表达了对她辛苦教育孩子的理解,也希望有事及时沟通。

一开始,俊俊妈妈的心中是带着怒火的。这个过程中,我快速地调整自己的思路,主动地去推动她表达自己内心的真实想法,更好地理解她、理解孩子。我选择了及时来到学校门口进行面对面沟通,选择主动打开话匣子。在这次谈话中,我们拥抱了几次,一开始俊俊妈妈还有些不好意思,到后面她敞开心扉,我想就是因为她感受到我对这件事情的重视,想倾听她真正的想法,帮她解决问题。

一杯饮料引起的纷争,一次及时的面对面沟通,消除了家长对我的不满,同时赢得了家长对我的支持。这件事发生后,俊俊的学习态度较以前有了很大的改变,这其中一定有家校合作共育的功劳。

分析指导

亲其师,信其道。人们通常是这样的:哪位老师亲近、关心自己,家长就喜欢和这位教师聊上几句,积极合作。反之,家长的配合也激发了教师的活力,有效的教育随之生成。及时沟通是至关重要的。

家长看着自己的孩子长大,应最了解孩子的性格习惯、品德、兴趣爱好和心理特征,对孩子细致深入的程度比教师要深刻,教师面对一个班或多个班的学生,纵然教师在学生身上花费了很多精力和心血,也不可能像家长那样对每个学生做到深入细致的了解,因此教师应与家长主动联系、及时沟通,更有利于对学生的培养和引导。

**沟通
感悟**

　　教师要掌握一定的沟通技巧。对家长要像对待同事、朋友一样平等友好，和家长谈话要客气，要注意礼节，不指责、不挖苦，还要有包容心，以平常心对待家长的冒失和错误。沟通，讲究一个"诚"字，只有诚心诚意，才能打动家长的心，即使是一个牢骚满腹、怨气冲天的家长，在一位真诚的老师面前也会被"软化"，变得通情达理。

暖心沟通关键词 **9**
诚心

好词解读

"诚心"一词的意思为抱着一颗真实诚恳的心。没有一点虚假，不做作、不敷衍，就是一个人的真；懂感恩、懂尊重、懂宽容，就是一个人的诚，具备了柔软的心灵和宽阔的胸怀，才能到达真正的真诚。

家校沟通要在真诚平等的基础上进行，对待家长要真诚友好，要尊重对方，有包容心，学会换位思考，用真诚让家长和学生打开心扉，积极沟通问题，切实解决问题，用诚心架起家校沟通的桥梁。

暖心故事

诚叩心扉始得开

暮色降临，只见校门口接学生的家长三五成群，张望着校门的方向。伴随着教学楼内下课铃声响起，校门外等待的人群中一阵骚动，熙熙攘攘聚集着的家长们开始相互寒暄告别，各自径直走到往常显眼的地方期盼着放学路队的到来。

再看教室里，学生们兴奋地收拾着各自的书包，欢笑声、说话声、整队口号声、桌椅碰撞声……各种声音萦绕在教室和走廊里，然而在我们班的一处角落，有一个男孩把头深深扎在课桌前，紧握着笔在急忙写着什么，时不时抬头环视一圈，看着周围同学都走了，他更急了，小脸憋得通红。他就是故事的主人公——小宇。

第一篇

教师与家长用心沟通

35

小宇是新来的插班生，经过短暂的相处，我了解到他的学习能力较差，基础知识不扎实。对于新学校的要求，小宇适应得非常慢，尤其是每天的家庭作业，他常常拖延到放学，甚至不交作业。于是，我就想让小宇完成作业后再回家，虽然这样的做法初显成效，可是从不过问小宇学习的妈妈却接受不了。

当放学的孩子们蜂拥而散，扑入家长的怀抱里，此时静待孩子的人群里再一次骚动起来，家长们一边提起孩子们的书包，一边询问着孩子们在校的情况……在一阵阵嘈杂声中，马路对面传来一句洪亮具有穿透力的呼喊声："老师，孩子怎么没出来呢？"刹那间，家长们的目光纷纷向我所在的方向投来，紧接着，我看到小宇妈妈急匆匆从马路对面走来。

"孩子在教室里写作业，麻烦您再稍等几分钟。""为什么总是留我家孩子呢？"她一听我将他留下来，脸上马上露出不耐烦的表情。此时，我觉察到小宇妈妈稍有些不满意，我知道在校门口三言两语能肯定不能给她一个满意答复。

我安抚了小宇妈妈的情绪，笑着说："小宇妈妈，您要是方便的话，可以随我一起进教室聊几句吗？"小宇妈妈和我一同进了教室。

我请小宇妈妈来到教室里比较舒适的环境，给她倒了一杯水，在这个过程中，我注意到她不自觉地放下一些防备和愤怒，神色里有一丝尴尬。为了缓解尴尬，我也坐了下来。

"小宇妈妈，您喝点水，接孩子等久了吧！"我说，"多亏您的付出，小宇在教室里写作业可真勤快！作业都写完了，您让孩子回家帮您多干点活！"

喝过水之后，小宇妈妈的情绪渐渐缓和下来。她原以为来到学校沟通是因为小宇在学校犯了严重的错误，见我未向她告状，竟有些出乎意料。

"老师，我们家离学校远，常常在下班高峰期堵车，今天我出门早，站在校门口站了许久，听您说还要多等一些时间，回家就会比平时晚两个小时。"妈妈喝了口水抿抿嘴，继续说道："平时是我一人照顾小宇，爸爸常年在外地打工，再加上初来乍到，孩子也不听话，确实有点力不从心。"

此时我意识到，小宇妈妈已经对我放下了戒备，此时要想让小宇妈妈感觉到老师是发自内心地关心孩子，那么与家长沟通的第一步一定要对学生的表现进行正面表扬。

"孩子最近上课专心了许多！""小宇还能积极参加学校组织的活动！"我心里明白：实际上小宇只是专心读了一会儿书，活动也是我有意安排他去参加的。小宇妈妈听我这么一说，长舒一口气，如释重负一般，我知道她的心里一定很高兴。

紧接着，我话锋一转："小宇妈妈，我最近发现孩子的家庭作业出现了一点状况，组长总是收不到他的本子。"小宇妈妈面露惭愧。"没关系，小宇妈妈，我理解您的难处，也希望您能理解我想帮助小宇急切的心情，老师们在课堂上特别关注他，也和孩子进行了多次谈话，现在需要您的帮助和配合。"

"没问题，您尽管说！"在征求小宇妈妈的同意后，我将需要家长配合的工作一五一十地告诉了小宇妈妈。

最后，我再次肯定孩子在学校表现积极的方面："其实，您知道吗？小宇是一个特别有心的孩子，每个孩子虽然不可能十全十美，但一定会有'一全一美'，即使暂时没发现，我也会创造一些让孩子表现的机会。"

我在教室里和小宇妈妈相谈甚欢，直到小宇高举完成的作业本给我和妈妈看，我和小宇说："看吧！你还是有能力完成的！对吗？"小宇重重地点了点头。

看着小宇和妈妈走远的背影，我知道我已经走进了一个孩子的心，也走进了一个孩子的家庭。

分析指导

在与小宇妈妈的沟通中，为了让其明白老师和家长是站在同一个阵营为孩子全面发展着想，我采用了家校"三明治"心理学沟通法。所谓"三明治"心理学沟通法是指沟通的内容分为三个层次；第一层——面包片，代表的是认同、赏识、肯定、关爱对方的优点或积极面；中间一层——黄瓜、奶酪、煎蛋，代表的是建议、批评或不同观点；第三层——面包片，代表的是鼓励、希望、信任、支持和帮助。

这种沟通法把建议、问题夹在表扬之中，不仅不会挫伤家长的自尊心和积极性，还会让家长愉快地接受老师的建议，正确对待孩子身上存在的问题，自觉地关注孩子的成长。

同时，教师要学会把握每一次与家长真诚沟通的机会，充分尊重家长。沟通中坚持正向引导,和家长谈论孩子时要具体地谈孩子的性格特点、兴趣爱好、课堂表现、道德品质等方面,让家长感受到老师对孩子的关心和重视,只有这样他们才愿意主动与老师沟通;对班级开展的工作给予十分的理解和支持,让家长主动地与老师和谐融洽地合作。

沟通感悟

唯有诚心,才能拉近家校之间的距离;唯有诚心,才能走进家长和学生的心里;唯有诚心,才能化解一切矛盾和误会;唯有诚心,才能创造持久有效的沟通。诚心永远是善意的,永远是纯粹的,永远是简单的,永远是温暖的,也永远是最高贵的。

暖心沟通关键词 ⑩
共情

好词解读

　　"共情"，是一个心理学概念，是指个体能够站在对方立场、设身处地理解他人的能力。

　　在沟通中，共情能真正走进彼此的内心，让对方真切感受到被理解、被尊重、被信任，从而拉近沟通双方的距离，让对方在将心比心中敞开心扉、真情沟通。共情是人与人沟通的良好基石，在此基础上的沟通会产生最佳效果，从而最大限度达到沟通目的。

暖心故事

我与家长牵起了手

　　那是个秋风初来的清晨，作为班主任的我迎来了又一届四年级"亲学生"，和每一个进班的同学招手问好，希望彼此有个好印象。源源是最后一个到的，他瘦瘦白白，身着校服，手里提着书包，在门口小声喊了"报告"就悻悻地进了教室，没有一丝开学的兴奋，这个开学第一天就表现得与众不同的孩子引起了我的关注。

　　在接下来的日子里，我开始尽力熟悉每一个孩子。源源性格文静，甚至有点腼腆，课上不愿发言，同时他也有些脆弱，稍有委屈就会嚎啕大哭，似乎一切都不管不顾了。开学没多久，源源就不能按时按量完成作业，在当面提醒、学校补齐提醒均无效之后，我约见了他的家长，源源一见到妈妈就泪水直流，源源妈妈一见儿子眼泪汪汪的，还没等我说话就一把拉过儿子，又抱又哄，得知是作业未完成，妈妈马上告诉我是自己的原因："老师，是我没有看清楚记作业本上的项目，督促不到位，不怪孩子。"语气里充满了急切和歉意。"源源妈妈，可以看出您对孩子的关心无微不至。但源源已经四年级了，希望能在咱们共同的帮助下让孩子尽快养成今日事今日毕和自主完成作业的习惯呀！"但事实证明，这是一次失败的家校沟通，渐渐地，源源不完成家庭作业成了家常便饭，每一次都有妈妈合理的解释，都与孩子无关。我似乎也遇到了与源源妈妈沟通的瓶颈，沟通无果的苦恼时时萦绕在我的心头。

又是一个平常的课间，我在班里正组织学生做好课前准备，一个男孩边向我跑边喊："不好了，老师，源源在厕所发脾气了！您快去看看，他把自己锁起来了！"已经快要上课了，厕所没有别人，我急忙赶往厕所，只听见源源在嚎啕大哭，那是我工作后第一次进男厕。"源源，我知道是你，发生了什么事，出来和老师说说。"哭声没有丝毫减退，也丝毫没有打开门的意思。"我就在门外，你想哭就哭，哭好了再和老师聊，我陪着你。"又过了一会儿，哭声渐渐变成了抽泣，我能感受到他声音里的颤抖。

"源源，先出来吧，老师很担心你！"门渐渐地打开了，源源蹲在地上，面红耳赤、青筋突起、浑身发抖，让人看了心疼极了。我没有立即问他原因，而是在确认他身体无碍的情况下带他到操场静静地坐了好久，终于，他主动开口对我讲是因为一起上厕所的同学没有遵守之前一起去一同回的约定，和别的同学先走了，他心里气不过。在我苦口婆心的一番劝慰疏导后，源源的情绪渐渐归于平静。这么一件"芝麻大"的事，在源源这里却像"天塌了一般"，如果以后遇到困难、受了委屈，这个孩子会做出什么事呢？他会不会伤害到自己？出于对孩子的担心，我再次约见了家长，这一次，没有孩子参与。

在了解到上午发生的事情，真切感受到我对孩子的担忧后，源源妈妈一改常态地说："老师，源源从小体质差，家里这一辈只有这一个男孩，我们格外疼爱他，只要能满足的我们都会满足，但是渐渐地，源源的脾气也大了起来，稍不如意就会爆发，我们最受不得孩子的哭声，一听便恨不能自己为他承受所有的不如意。上午的事情确实不大，可他心里却受到了极大的委屈，在家里也会常常这样，我们也没有办法。"

　　"我十分理解您对孩子的偏爱，偏爱孩子的父母是合格的父母。只有爱孩子才能做到对孩子的无限包容。我也是孩子的妈妈，我太懂您的辛苦了。"我靠近源源妈妈，拉起了她的手。她没想到我会这么做，有些不敢相信地看向我。

　　"那您这次打算怎么办？"

　　"回家好好安抚孩子，以后不和那同学再玩儿就是。不然您看还有别的办法吗？"

　　"我也总遇到这样为难的时候，觉得孩子还小，太委屈了，但是，我也清楚地知道，孩子毕竟是要学会独立，他不可能永远有我的庇护，以后呢？今天受了委屈，孩子把自己锁起来，按您的方法，还会失去一个朋友。"我语气轻柔地提出自己的想法，并观察源源妈妈的神色，见她若有所思，我继续追问："如果您狠下心来，教他担当的方法，让他自己去面对呢？比如这件事，让孩子自己去问清楚原因，朋友之间有什么不能说开的呢？您是不是也少一分担忧？不为现在，只为将来。"我将每一个问题都缓缓抛了出来。

　　源源妈妈陷入了沉思，说："老师，您的话我记下了，孩子的健康快乐应该是他自己去创造，我们再怎么给予也远远不够。谢谢您！我知道今天该怎么做了！"

　　第二天，我看见源源主动找到那个同学说话，有说有笑，源源用主动担当化解了一场友谊危机。自此之后，源源虽依旧常觉得委屈，但是渐渐能接受劝导。

　　对于这种改变，我问过源源妈妈，她说她回家后设想了很多源源的未来，反观自己的做法，这种爱的方式确实把孩子宠坏了，用未来为自己指路，反而前路光明！

分析指导

　　有一类家长有对孩子过度保护、言听计从的特点。他们对孩子特别偏爱，含在口里怕化了，捧在手里怕碎了，对孩子的要求百依百顺，对孩子的话百听百信，不能容忍孩子受半点委屈，当听到孩子受委屈时，仿佛天都塌下来了，一家人齐上阵，不达目的绝不罢休。他们对孩子的要求不打折扣地满足，虽然也明白"沟壑难平"的道理，只是一到事情发生，却又控制不住自己。

　　面对这一类家长，我们沟通时首先要共情。这类家长最不愿听到的就是直接指出孩子问题的话，哪怕是为了孩子好也会令其极其反感。所以，沟通时我们首先尝试站在家长的角度去理解问题，和家长站在同一条战线上，真正走进家长和学生的内心，让家长感受到被理解，赢得家长的信任，从而厘清家长溺爱孩子的原因，站在家长的角度找到合理性与突破口；然后就学生身上出现的问题从关爱学生的角度与家长进行原因剖析，让家长看到孩子按此趋势发展的"远景"，家长自然会反思"近况"，这时候再予以解决问题的方法指导，家长往往会如获至宝。

沟通感悟

　　多番谈心，从靠近家长、理解家长，到走进家长内心，帮助拨开迷雾，我用将心比心的共情，牵起家长的双手，首先让家长在情感上接纳我，其次才是就学生身上已萌生的问题从关爱学生的角度与家长进行原因剖析和走势分析，让家长看到"远景"，家长自然会反思"近况"，这时候再予以解决问题的方法指导，家长才会真心听进去。"父母之爱子，必为之计深远"，为孩子的未来着想，在这一点上，老师和家长永远是一致的，有此共识为基础，共情为纽带，教育引导孩子的方法就都是可以讨论交流的了。

第二篇

教师与家长有情沟通

戴尔·卡内基说过,将自己的热忱与经验融入谈话中,是打动人的速简方法,也是必然要件。如果你对自己的话不感兴趣,怎能期望他人感动。沟通要有情,有情理解、对待、赞美,才能达到沟通的最佳成果。与家长沟通时,要尊重家长,面带微笑,善于倾听,真情指导。这样,教师与家长结成和谐融洽、互相信赖、彼此合作的教育同盟力量,共同完成把孩子教育成才的重任。

暖心沟通关键词 **11**
期待

好词解读

"期待"是指对未来未知的某个时刻或者事物产生的一种憧憬、向往。

教师"期待效应"对学生的影响是每个教育工作者应该重视和关注的问题,同样这种效应也可以运用到家长身上。教师"期待效应"会影响家长的自信心,如长期受到低期待,这类家长往往会感到自己的水平比别人差、自己的教育能力不行,从而影响自信心。教师期待也会影响家长对孩子的教育付出度。可见,教师的期望是一股多么强大的力量。因此,教师一定要正确运用"期待效应"。

暖心故事

丢失的水杯

李军是一个活泼好动的男孩。有一次,李军急匆匆地跑过来和我说:"老师,上午课间我看到小刚的水杯被扔进了垃圾桶,可是垃圾已经被保洁阿姨收走了。"我感到吃惊。于是,我把小刚找来询问情况。

"小刚,你的水杯呢?"小刚没有吭声。"有什么事和老师说,老师会帮助你的。"这时的小刚泪如雨下,说:"老师我的水杯找不到了。"我一边安慰着伤心的小刚,一边突然意识到这件事不是那么简单,于是开始调查这件事。正当我一筹莫展的时候,突然回想起曾经看到李军和另一个同学打闹,李军随意把同学的橡皮扔到垃圾桶里,是否和李军有关系呢?于是,凭着自己的猜测以及对李军平时生活学习的了解，我单独找到李军，问他水杯的事情。

"李军，老师通过这一段在班级里的观察，发现你在各方面还是取得了一定的进步。希望你继续努力，取得更大的进步。老师想让你当一周的诚信小队长，你愿意吗？"李军高兴地点了点头。我微笑着摸了摸李军的肩膀，"李军，关于小刚水杯的事情，你觉得可能是咱班谁干的啊？""老师，会不会是咱班同学之间在玩什么神秘交易，把水杯放到垃圾桶里的一种游戏。"我霎时觉得这件事和李军脱不了关系，于是继续问他。"那你觉得咱班谁会玩这种游戏呢？""不知道。"李军肯定地回答道。

我通过查询班级学生情况表，以及和之前教过李军的老师进行沟通，知道了一些重要的消息。李军生活在一个多子女家庭，他还有一个哥哥，两个姐姐，父母工作繁忙，经常出差，没有时间和精力照顾他。

我尝试与李军妈妈联系，但她一直不接电话。偶尔的一两句回复，我感到家长对孩子的管理非常随性，她主张对李军就是顺其自然，放任自由。即便这样，我也一直没有放弃。我坚信无论是孩子还是家长，只要用心去对待他们，一定可以等到花开。

一天放学，我看到又是托管老师来接李军，于是心中做了一个决定，和孩子一起去托管班等待家长。

还记得那天的天气很冷，我从五点半一直等到了九点，李军妈妈终于出现了。我立刻跑到她的面前，叫住了她。"李军妈妈，您等一下。"她看到我，感到十分惊讶。"李老师，您怎么在这，有什么事吗？"

"我放学就跟着托管班老师来这里等您。因为您平日工作忙，咱们在网上的沟通也不怎么顺畅，所以想当面找您聊一聊。""李老师，真是不好意思，让您等了这么久。""为了孩子，多晚都值得，我理解您工作和生活的不容易，我相信您努力工作也是为了孩子。"李军妈妈点了点头。于是我把水杯事件的来龙去脉和她说了一遍。

"老师，您说的这些我都同意，感谢您在这么冷的天等了我这么长时间，我真的是十分感动。以前的老师都觉得我不配合学校工作，其实我不是不配合，而是工作实在是太忙了，我也是关注孩子教育的。感谢您一直没有放弃李军，我一会儿和孩子谈一下。"

我为她竖起了大拇指，觉得这几天的坚持没有白费。就这样，李军妈妈走进了托管班。一会儿，她带着孩子出来了。我看见李军满眼含着泪水，走到我的面前，小声说道："李老师，小刚的水杯是我扔的，我最近看到了一个神秘游戏，就把他的水杯扔到了垃圾桶。"我拍着李军的肩膀，安慰他说："小军，首先老师表扬你，这才是真正有诚信的小队长，做错了事，要敢于承认，不能说谎。以后不能再乱扔同学的东西了，明天给小刚道个歉。"

李军和他妈妈都点了点头，和我挥了挥手。第二天，李军带了一个新杯子来到学校，给了小刚并诚恳地向他道了歉。我感到十分欣慰。

在这之后，我经常跟李军沟通交流，发现他是一个很聪明的孩子，悟性高、知识面较广。李军妈妈虽然工作还是很忙，但在我的劝导下，她也尽量不把工作上产生的烦躁情绪带回家，而且陪伴孩子的时间也越来越多。

只要愿意期待，愿意相信，愿意陪伴，用心期待，静待花开，每个丢失的家长与孩子都会找回那个最好的自己。

分析指导

故事中的家长具有生活随性、随遇而安的特点。他们遵循了一种放任自由的方式去对待孩子的学习和成长，让孩子自主决策，目的是培养孩子的独立性。无论是学习还是生活，他们希望孩子能够遵循大自然的规律，给孩子更多的自主选择权，顺其自然、随心而活。他们对家庭责任和有序行为几乎不做要求，允许孩子在安全的范围内去安排自己的活动，给予孩子较大的自由，但对孩子的行为约束力不够。

沟通感悟

其实和这些家长们沟通起来并不困难，他们可能因为各种各样的原因不喜欢管束孩子。在沟通过程中，老师首先要注意的是对家长有足够的高期待和对孩子的关心，这是任何沟通的基础和前提。有了高期待，你就会对家长充满信心，而家长也能感受到老师的用心，对老师增加信任感。然后在高期待中去帮助家长发现教育中可能存在的一些问题，这样的家校沟通效果会更显著。

暖心沟通关键词 12

称赞

"称赞"在词典中的解释是用言语表达对人或事物的优点的喜爱。同时，它是一种赞成的态度，具有积极的意义。

在沟通中，称赞通常扮演着正面的角色，一个称赞的眼神，一句赞美的话语，这些都是对家长正确做法的一次认可，家长在得到认可时会是一次鼓励，会继续以良好的态度回应孩子。当然，称赞不是盲目的，我们要有针对性地对有助于孩子成长的内容进行称赞，例如家长对待孩子所做一件事时所持有的积极态度、与家长沟通后得出的有效办法等，这样才能更好地实现家校共育。

 暖心故事

"赞"缓情绪　"赞"暖人心

欣欣是一个非常活泼、开朗的女生。她交友众多，兴趣爱好广泛，有自己独特的想法。她的能力很出众，什么事情只要交到她手上一定能完成得十分妥帖。但是这样一个孩子却在自己最熟悉、最擅长的兴趣中碰了钉子，发生了一件让家长和孩子都头疼的事情。

一次才艺展示大赛，同学们自愿报名参加，一向擅长绘画和书法的欣欣却没有报名参加任何项目。我很惊讶，并再三向孩子确认是否已和家长沟通，孩子依旧坚定地点头，本着一切遵循孩子意愿的原则，我没有再说什么，而是将这件事默默地记在心里。

欣欣有一位民主的母亲，她绝不会错过能够让孩子展示自己的机会。果不其然，这天上午，我接到了欣欣母亲的电话，电话里语气急切，甚至夹杂着一些火气："老师，欣欣从小就学习绘画和书法，您是清楚的，开学的时候我见孩子为了装饰班级，还带了自己的作品到学校去。可谁想到，这次学校举办的才艺展示大赛，欣欣却选择不报名，这么好的展示机会就这样放弃了。她现在越来越大了，有自己的想法都不跟我说，为了照顾她的情绪我还不能多问，您说我是不是民主得有些过头了，真是要急死我了！欣欣不是一个不自信的孩子，是不是在学校有同学说她的作品不好，老师没有第一时间了解到，还是有什么其他原因让她做出这样的选择？"话讲到这里，欣欣母亲的话语里已经夹杂着埋怨、责怪。

听到家长有与我相同的疑惑，我感受到了家长的焦虑与紧张。但事情已成定局，我选择了先安抚家长的情绪，肯定她对老师的信任，对欣欣妈妈进行了第一次称赞："欣欣妈妈，很感谢您对我的信任选择联系我了解情况。我认为您没有直接要求孩子参加比赛，而是选择先尊重孩子意愿的做法是对的，您给了孩子足够的空间，让她为自己的事情做主，这有利于我们后续去了解孩子做出这个选择的原因。您放心，我会与孩子及其身边的同学了解情况的！"欣欣母亲沉默了几秒，可能是发现了自己刚才的态度不是很好，于是放缓了语气，说道："老师，我也不是要责怪您，只是我实在从孩子嘴里问不出什么，我是太着急了才给您打了这个电话，麻烦您了！"

之后我逐一询问了同学们对欣欣作品的看法，发现并不存在嘲讽、挖苦的现象。于是我将欣欣叫到身边，拉着她的手询问原因，孩子支支吾吾，似乎有隐情，于是我把自己了解到的情况反馈给了欣欣妈妈，并建议欣欣妈妈可以从孩子的兴趣点入手，以朋友对话的形式沟通。

转天，欣欣妈妈利用放学时间找到我。这一次，我看到欣欣妈妈的眉头是舒展开的，脸上也带了藏不住的笑意，她拉着我的手，跟我推心置腹说："老师，最近我的朋友给我推了一个国画课程，正好有这个机会，我就拉着孩子和我一起上了一节课，在上课的过程中，我遇到了许多困难，比如不会下笔、不会调色，这时欣欣就会过来帮我，一边帮我一边给我讲国画的相关知识，我看到了，孩子眼里是有光的，在我不知道应该怎么和孩子提这件事时，可能是孩子察觉到了这两天我们都对她不参加才艺大赛这件事感到担心，孩子便悄悄跟我说,'妈妈,我不是不想参加才艺大赛,只是我在模仿别人的画时能画得很好,但如果让我自己画一幅画,我脑中就会一片空白。才艺大赛需要提交自己的原创作品,我却只能模仿别人去做。我希望把自己的事情做到最好,所以还是想多练一练,等再磨练磨练,我再更多地展示自己。'听到孩子这样说,我心中的石头才算放下来。老师,谢谢您这么用心地了解孩子的情况,鼓励我与孩子进行正面沟通。"说着说着,欣欣妈妈眼眶泛红了。

面对这样的欣欣妈妈,我笑了笑,将手搭在她的肩膀,轻轻拍了拍,带着鼓励的眼神第二次对她进行了称赞,说:"欣欣妈妈,您这样做的确是在为孩子考虑,我对您的做法十分认同。您给孩子留了很多的空间,孩子的心理也不会有太多的负担,同时不仅让孩子发现了您对她的关心,而且还让您对孩子有了更深层次的了解,孩子也会理解您的苦心啊!"欣欣妈妈很是感动,笑着说道:"感谢您给我的肯定和鼓励,我们有事一定多沟通,一起为孩子的成长努力!"

分析指导

有一类家长经事遇人可以保持心态平和,他们有自己的处世之道,情商高,会给予他人尊重,尤其是对待自己的孩子,会给他们一些属于自己的空间,在起到约束作用的同时让孩子在轻松的氛围下成长。在与他人特别是和教师交流时,往往能够沉下心来听取他人意见,将沟通内容细化于心,在聆听之后正确表达出自己的观点,可以给人留有探讨交流的空间,和这样的家长交谈很轻松,他们也会开心地分享自己的育儿观念。

对待这一类家长,教师需要适当地、有针对性地进行"称赞"。无论面对任何家长,第一步都是倾听,倾听对家长来说是一种尊重的表现,在和家长的交谈中,教师可以适当微笑,这是对家长做法的一种认可和鼓励,也可以为下一步"称赞"奠定基础。在家长的倾诉欲得到满足的时候,我们可以对家长提出的问题或解决方法有针对性地选取一两处作为切入点进行称赞,拉近家长与老师间的关系,以达到家校共育。

**沟通
感悟**

　　家长是孩子的第一任老师，部分家长虽然在教育孩子方面很有经验，但也会遇到一些难以解决的问题。这个时候，既然家长选择信任老师，老师就应该从家长语言上、行为上、眼神上给予肯定与称赞。就像这位家长，在与孩子意见不一致时，没有对孩子进行强制化的要求，而是选择家校合力去解决这个事情。面对家长的这一做法，教师就应适时对家长进行称赞，让家长看到我们是与家长站在一处的，这样他们不但会从心理上得到认可，而且会继续以民主的方式与孩子进行交流，这是一种很好的解决办法，所以教师要学会对家长进行适时的称赞。

暖心沟通关键词 13

激励

"激励"从字面来看就是激发鼓励的意思,是指激发人的行为的心理过程。有效的激励可以成为组织发展的助力保证,并能通过各种方法调动人在活动中的积极性和创造性,进而实现自己的目标。

在家校沟通中,一定的激励机制往往代表家长与教师对孩子的认可与肯定。通过有效的激励机制,更能帮助学生获得自信心,激发学生的学习动机。

 暖心故事

向日葵终于绽放了

如果说教师的职业是光,那学生就是追随着光不断成长的一朵朵向日葵。刚刚升入一年级,进入小学校园的嫩芽们渴望长大,渴望结果,渴望得到光的照耀。今年,我带的班级就出现了这样一颗小嫩芽。

在干净明亮的教室里,小航似乎总是与这片肥沃的土壤格格不入。上课他总会不由自主地站起来,非常喜欢翘二郎腿,没有自理能力,东西总是用完就扔到地上,周围的同学从他身边经过都要踮起脚尖,生怕踩到他的书本。老师的一切号令似乎都和他无关,每节课的铃声都听不到,总会自顾自地玩自己手里的东西。因此放学时的他总是着急忙慌,老师要催促好几遍才想起要收拾书包。等他走后,他书桌里的垃圾可以塞满整个垃圾桶。

看着这个令人头疼的孩子,每天放学点位旁,总是少不了我和孩子妈妈

交流的身影，这时，小航总会不经意地低下头。然而和妈妈一个月的沟通并没有得到很好的反馈，小航仍是我行我素。太阳的光线似乎照不到他，这颗小嫩芽并没有在这片沃土中发芽。

于是，我针对孩子的表现在手机里建了专门的备忘录，对孩子每天在学校的生活进行记录。经过一段时间的观察后，我便将小航的父母邀请到了学校。爸爸一进学校，就忍不住抱怨："这孩子都是妈妈惯的。"妈妈也在旁边不好意思地低下了头："老师，给您添麻烦了……"我先安抚小航父母的情绪，妈妈说道："我的工作很忙，只有周末才有时间陪孩子。爸爸是项目主管，经常出差。孩子更多的时候是和爷爷奶奶在一起，隔辈亲，爷爷奶奶太溺爱孩子了。"这时候爸爸又忍不住插嘴："爷爷奶奶只负责做饭，孩子有那么多课外班，他们哪有时间宠孩子？我和你说了多少次，小孩子要先让他有畏惧感，再去学知识……"听到这里，我马上说道："看出来了，爸爸妈妈都是对孩子寄予厚望的，包括爷爷奶奶，但现在我们出现了问题瓶颈，不知道两位有没有发现？"看到家长的神情有所缓和，我赶快补充道："两位都对孩子有很多要求，孩子每天有很多的任务要完成，小航是不是很久都没有得到鼓励了，您有多长时间没有陪小航一起玩了？在家里孩子被压得喘不过气来，所以来了学校，有这么多的小朋友，他就容易放飞自我……"

此时的我终于明白，孩子其实是希望爱的浇灌、光的滋养的。紧接着，我马上给家长指出了现阶段的家庭模式：平常妈妈只有周末才能回家，于是在家中总是扮演了一个慈母的角色，每次孩子犯错妈妈都会帮着孩子找借口。而爸爸在家庭中充当的是严父，觉得棍棒底下出孝子，有自己独特的育儿方式，给孩子制订了很多学习策略，每天都要强制执行，而爷爷奶奶也有自己的教育方式。这么多人，造成了孩子在长辈之间钻空子、做事无所顾忌、不尊重长辈的问题。爸爸妈妈也意识到忽视了孩子行为习惯的培养，并对我的育人方法产生了浓厚的兴趣。

经过和小航父母不断商议，我们一致认为要帮助孩子找到尽快适应小学生活的办法。我、妈妈和孩子一起制作了小学生应该具备的优秀品质计划表，设置自己评价、家长评价、老师评价的方法，进行每周打分。制订了专门的改善计划和奖励，周末根据本周习惯评价进行调整和奖惩，督促孩子进步。从早上的晨读训练、上学习惯规范、上课能力培养、晚上自理能力锻炼，细化到学习和生活的方方面面，让孩子知道如何成为一名合格的小学生。

针对孩子的课外兴趣班，我也特意和爸爸妈妈进行了沟通，我给爸爸妈妈建议：要听从孩子内心的真实想法，选择自己真正喜欢的东西去学习，合理安排好每日的学习、生活，丰富自己的课余生活。爸爸妈妈一起努力，老师家长共同携手，助力我们的小向日葵成长。

阵阵春风，场场春雨，我的小向日葵终于长高了。小航变得乐观开朗，朝气蓬勃，小脑袋里总会冒出很多稀奇古怪的想法想要和老师分享，争着抢着想要当好老师的小助手。他的桌子整齐了很多，学习用品也越来越干净了。妈妈说，孩子家里的很多课外书都会分类整理了。最重要的是，整理习惯改善之后，他上课也有了很大的进步。课堂上，经常能看到他高高举起的小手，如果没有叫到他，还会流露出失望的表情。

向日葵终于开放了，花盘里数不清的花蕊下面结出了饱满的果实——葵花籽，太阳光撒在花盘上面，那一朵金色太阳的花朵露出了最纯真的笑脸。

分析指导

随着教育高学历模式的普及，在家校沟通中，故事中的家长较为常见。高学历的家长觉得自己的教育方式肯定能培育出和自己一样优秀的孩子，对孩子寄予厚望。家长会给孩子报很多的课外辅导班，培养孩子各种兴趣爱好，每天会对孩子生活的方方面面提出要求，却忽视了孩子行为习惯的培养。这就导致孩子只会按照父母的要求完成任务，并不能真正体会到学习的乐趣。

这就要求教师在与家长沟通时应因势利导，抓住其"亲其师，信其道"的心理特点，具体地指出孩子存在的进步表现。首先教师需指出学生教育确实需要多元化发展，现阶段的孩子更多的是需要被肯定，用激励的方式助力孩子成长。传统的应试教育往往导致孩子成为学习的机器，孩子并没有养成属于自己的学习习惯。在孩子成长初期，我们应引导孩子一开始有自己的小目标，慢慢朝着既定目标前进，家长从旁起好辅助的作用，多给予孩子鼓励，真正地认识到孩子的独特性，尊重孩子的成长规律，由扶到放，做好孩子的引路人。每个孩子都有希望受到家长和教师重视的心理，而赞赏其优点和成绩，正是满足了孩子的这种心理,使他们的心中产生一种荣誉感和骄傲感。教师应用自己的专业素养让家长、学校形成合力,让孩子在阳光下成长。

沟通感悟

非志无以成学,非学无以成才。因此,面对故事中的家长,家校沟通的重点应正确认识孩子成长规律,帮助孩子制订合理的学习计划,建立助力孩子成长的激励机制。孩子是自己成长的第一责任人,应给予孩子更多展现自己的机会,培养好孩子的学习习惯,多发现孩子身上的优点,多去肯定孩子,倾听孩子内心真实想法,鼓励孩子自立自强。

暖心沟通关键词 **14**

换位

好词解读

"换位"是人对人的一种心理体验过程，是设身处地地为他人着想，即想人所想，理解至上的一种处理人际关系的思考方式。在客观上要求我们将自己的内心世界，如情感体验、思维方式等与对方联系起来，站在对方的立场上体验和思考问题，从而与对方在情感上得到沟通，为增进理解奠定基础。

通过换位，交流双方会多一些理解和宽容，增强信任感，改善并拉近交流双方的关系。换位引导沟通者对事情的已有看法进行重新认识和判断，也有助于合作。

暖心故事

校门口的训斥声

叮铃铃，下课了。教室里处处欢声笑语。我看了看小雅，她低着头，两只小手放在课桌里，抬头时正好撞上了我的目光。她赶紧把手拿出来，乖乖地开始准备下节课的书本。我摸了摸她的头说："小雅，现在是课间时间，可以休息一会儿。"小雅这才敢把折了一半的纸飞机拿出来，小心翼翼地折了起来，眼神还是躲躲闪闪，像个做错事的孩子。

小雅很出色，但很胆小。因为紧张，她不愿意在课堂上回答问题。为了让小雅自信些，我总是鼓励她、表扬她，但小雅做事还是小心翼翼，总是害怕自己出错。这一天放学时，我看到了令人惊讶的一幕。小雅妈妈恶狠狠地盯着小雅，厉声呵斥她。小雅红着脸低着头，害怕极了。我似乎找到了小雅胆小的原因。

第二天，我把小雅叫到了办公室。"昨天有没有发生什么可怕的事情呀？"小雅低着头没说话。"小雅，每个人都会犯错，你已经做得非常棒了。"小雅抬头看了眼，哽咽着说："昨天我把水壶落在教室了。妈妈说我连这点小事都做不好，她很生气。我错了。"我安慰道："没关系，这很正常。"小雅回到教室后，我决定找小雅妈妈谈一谈。

下午，我约小雅妈妈来到了会客室。"小雅妈妈，我发现小雅这几天不太开心，是发生什么事了吗？"

"老师，没什么大事，小雅太糊涂了，昨天她把水壶落在教室了。这么点小事她都做不好。"我微笑着说："小雅妈妈，班级群里有个表，我看您还没填。"小雅妈妈立马接话："不好意思，昨天工作太忙了，把这事忘了。""没事，您工作忙，有时候忘了填写也很正常。""您总是从我们家长的角度理解我们的难处。太感谢您了。"小雅妈妈说。"咱们多换位思考才能更好地合作，为孩子发展助力。"我边说边拿出了准备好的照片。"您看，这是班级这两个月的荣誉合照，每一张里都有小雅呢。小雅表现出色。不过，她不愿意表达，眼神总是有些胆怯。"小雅妈妈说："是啊，这孩子在家也这样。"

我看着小雅妈妈，说："小雅这么听话，忘拿水杯本来就内疚、慌张。要是您再训斥，她就更不知所措了。受批评多了，孩子就容易出现紧张的情绪，事事怕犯错，变得越来越胆小，所以，孩子犯错咱要多包容鼓励她。"

小雅妈妈若有所思，和我吐露了心声：小雅爸爸常年在外工作，她全职在家照顾两个孩子。她为孩子们制订学习计划、培养学习习惯，把所有的精力都倾注在孩子的学业上，却忽略了孩子的内心成长。

我听后，安慰道："小雅妈妈，我知道您为孩子做了很多，小雅很出色。今后，咱们都多鼓励孩子，相信小雅慢慢会变得更愿意表达的。"

几天后，我发现小雅开始愿意举手回答问题了。下课后我及时表扬了小雅。小雅朝我腼腆地笑了笑。在接下来的日子里，小雅表现得越来越积极，眼神中多了几分自信，笑容也越来越多了。

后来，我还收到了小雅妈妈的一条短信："老师，这一个多月，我看到了小雅的变化，这孩子越来越阳光活泼了，有什么想法也愿意和我倾诉了。

太感谢您了。"

分析指导

有些家长有自己的想法，容易固执己见，做事吹毛求疵，对孩子有过高期待、不能接受自己的孩子有失败的经历。他们重视孩子的教育，对各个方面都有高要求，一般采用打压式的教育策略，对孩子负面评价远远多于正面评价，但很少表扬鼓励自己的孩子，漠视他们的心理健康。这类家长很少质疑自己的教育目标与方法，始终将教育目光聚焦在外显的教育结果上。他们常常会为自己的孩子制订严格的计划，过度担心孩子的未来发展，而忽略孩子当下的心理健康。

教师要做的就是在恰当的时间引导家长换位思考，让家长设身处地站在学生角度、与学生共情。在与家长沟通时，先倾听家长的教育观点，让他们先表达，给予一定的肯定；再跟家长陈述自己对学生平时的观察，表扬学生做得优秀的方面；紧接着向家长讲述一些专业的教育学知识，展示教师专业能力的同时让家长对儿童的心理健康有一个全新的认识；最终，使家长转变思路，及时调整，做出改变，跳出自我的桎梏。

沟通感悟

教书先育人，教育不仅要用知识武装学生的大脑，帮助学生成人后在社会上有立足之地。教师更应该培养健康的灵魂，鼓励学生悦纳自己，帮助他们找到热爱的事业，从而拥有充实有意义的人生。因此，教师引导家长换位思考，让家长关注学生心理健康，显得尤为重要。

暖心沟通关键词 ⑮
豁达

好词解读

"豁达"指心胸开阔,性格开朗,能容人容事。豁达是大度和宽容的表现,豁达是一种品格和美德,是一种乐观的豪爽,是一种博大的胸怀、洒脱的态度,也是人生中最高的境界之一。

在沟通中,豁达能够对别人不同的看法、思想、言论、行为等都加以理解和尊重,不轻易把自己认为"正确"或者"错误"的东西强加于别人。豁达的人也有不同意别人的观点或做法的时候,但他们会尊重别人的选择,给予别人自由思考的权利。有时候,往往是豁达产生宽容,宽容孕育自由。

暖心故事

智慧进退,豁达待人

我第一次和小晨的爸爸接触是在开学初的家长会上。见面前,我已经对这个特殊的家庭有了一些了解。前任班主任说,孩子是个大龄儿童,平时性格有些木讷,父母早年离异,孩子的妈妈离婚后就没再出现过,孩子的爸爸已经开始了新的生活,新妈妈带来了一个年纪比较大的哥哥。现在孩子跟着奶奶生活,孩子的爸爸、新妈妈和哥哥住在一起,但两家人都住在一个小区,所以平时孩子爸爸也会去奶奶家看望孩子。

听到这些信息时,我对小晨充满了疼惜与怜爱,这样的家庭环境很容易影响孩子的成长。同时我也对这个孩子以后的教育充满了担忧,毕竟孩子爸爸有了新的家庭,生活的重心也会有所转移。如果没有足够的家庭支持,单凭学校来教育孩子是非常困难的。

但当我和孩子爸爸见面后,我对我之前的推断产生了怀疑。因为孩子爸爸一上来就很热情地跟我说,以后孩子无论在学校发生了什么事,老师都有最优处理权,他相信老师无论怎样教育孩子,目的都是为了孩子好。而他作为家长,也会无条件地支持和配合老师的工作。孩子爸爸真诚的语气让我认为这一定是位明事理、有担当、会教育孩子的好家长。而接下来的事让我又有了新的认识。

孩子爸爸发表了那段令我感动的言辞后就很少出现了,反倒是孩子的后妈主动和我沟通,说孩子爸爸工作繁忙,以后孩子有什么事情请老师直接和她联系。在那之后这位妈妈接孩子的时间总是很晚,我又和孩子以及孩子爸爸确认,这个时间孩子妈妈是能来接孩子的,于是我给孩子妈妈打电话沟通说:"冬天天黑的早,室内外温差大,孩子在外面站着等,不安全,也怕冻坏孩子。"孩子妈妈在那边只嗯嗯地应着,语气中透着些不耐烦,后来孩子就变成班车来接送了。这更让我在平时工作中留心这位妈妈的反馈,学校发了通知她总是不回复,总能理直气壮地再找老师询问。虽然这些行为她找了很多理由,但还是给我留下了不好的印象。

直到一次学校的集体活动,学生们为了取得更好的表演效果,自发购买了一套班服。我对购买班服这件事一直不大支持,我深知涉及额外的支出可能会给个别家长带来经济上的负担。但他们的热情我也不好泼凉水,只能反复叮嘱学生一定要在家长支持且同意的情况下自行准备,如果不愿意准备也可以穿颜色相近的衣服。但担心的事还是发生了。活动前一天,小晨告诉我,他没有合适的衣服,所以他要退出这次活动,我大为吃惊,前几天我还看见小晨的妈妈在班级群里询问班服购买的方式。于是我打电话去询问情况,刚问了一句:"孩子说活动没准备衣服……"没想到话还没说完,就被孩子妈妈抢过话头,对我和参与选择班服的家委会成员破口大骂,一些我从未想过的话从电话那头尖锐地传入我的耳朵。最后,她在电话里丢下一句"不就是一件衣服吗?谁还买不起吗!"就抢先挂掉了电话。第二天,小晨确实穿上了同色系的新衬衣,但看到活动一结束那件不大合身的衬衣就被小晨小心脱下收进包里,我的心里五味杂陈。

直到这时，我才明白，小晨为什么总是穿同一套衣服，以至身上出现特殊味道后我和他家长沟通了，依旧没有改变。家长并不是真正关心孩子，只是不想让别人察觉他们在苛责孩子。而之前孩子爸爸跟我抱怨：孩子比较懒惰、恋旧，即使有了新衣服也不会穿……可能就是他爸爸应对孩子个人卫生问题的一种托词罢了。

经过这件事后我对小晨父母降低了期待值，不再与他们过多周旋于感情牌，而是就事论事、去繁求简。我在态度上的降温也让小晨父母对待老师的态度有所收敛。在与老师沟通时比起之前的肆无忌惮，语言上多了些对老师的尊敬与认可，语气也变得温和了。之后，小晨妈妈再也没有对老师出言不逊，在集体活动中也没有出现不能参加的情况，小晨的爸爸甚至会主动参与并帮助其他孩子解决接送等问题。

分析指导

有些父母对孩子的情绪不够重视，认为它无足轻重；不与孩子共享情绪，或者忽略孩子的情绪，只关注孩子的衣食住行，对于孩子意志品质、人格发展、情感需求、心理健康等方面关注较少。这类父母一定程度上会缺席孩子的生活，不能走进孩子的内心世界。

面对这样情况，教师需要保持一种"豁达"。我们相信没有一个家长会不关心孩子，背后一定有特殊的痛点和复杂的原因。有时作为老师，我们会觉得自己比家长更在意孩子的成长，而家长对孩子的忽视容易让我们情绪激动，继而与家长沟通问题时很难保持理性与客观的态度。这样我们不但没办法与家长很好地解决孩子的问题，还有可能让家长对老师也产生负面印象，为将来的工作留下沟通隐患。所以我们在与这样的家长沟通时，首先要调整好自己的沟通状态，对家长即将产生的反馈做出一个心理预期，降低自己的期待值，带着乐观和豁达的态度与家长沟通。如果家长如我们所预料的一样，我们也会有预判来更好地解决问题，而不容易受情绪影响。如果家长比我们预料的态度更积极那就更是意外之喜，老师就能以更加积极的态度来沟通，家长也会受老师的情绪带动与之更加亲近，更愿意配合学校的工作。

**沟通
感悟**

　　我对小晨父母的引导，只能让小晨的校园生活像其他孩子一样正常地进行下去。但真正想要通过和家长的交流来改变家长的教育方式或家长与学生的相处模式，我想还需要更多的引导和支持。虽然小晨现在能够拥有正常的校园生活，但他与父母的关系会直接影响他的学习效果和社交能力。现在的小晨依旧是班里比较边缘的一个孩子，因为他的个人卫生问题还没有完全解决，而且他的父母对他疏于照顾，学习用具相较于其他孩子也是破旧不全。作为班主任在面对这些问题时应该如何发挥自己的作用还需要继续探究。

暖心沟通关键词 16

体谅

好词解读

　　"体谅"是指设身处地为人着想,体察其情,给予谅解。有体谅之心的人,往往是一个善良、大方、胸怀宽阔的人。作为一种做人的境界,体谅一直为人们所称道。

　　苏霍姆林斯基曾说过,最完美的教育就是学校与家庭的结合。老师和家长沟通,取得家长的支持和理解,在教育孩子的理念方法实际操作上达成共识,形成教育的合力,这也是学校教育的一项重要工作。在和家长沟通中,体谅他人、和他人共情会使沟通取得良好的效果。

暖心故事

跌跌撞撞中成长

　　小明是一个活泼开朗的小男孩,第一次和他妈妈沟通是在一年级刚开学不久,"老师,姥姥发现孩子每天带回家的铅笔都比前一天少,是不是有同学借我们的铅笔没还呀"?"小明妈妈,您别着急,一年级的孩子年龄比较小,找不到铅笔的情况很常见,明天我去班级帮孩子找一找。您也在家让孩子自己学习收纳文具。""我们天天在家训练,每天上学都嘱咐孩子要把自己的文具带回来。"铅笔找不到的情况在一年级是很常见的情况。经过我的观察发现,小明的生活自理能力较弱。和孩子聊天中,我知道了他父母是从事培训工作,每天放学回家后是爸爸妈妈最忙的时候,所以大多数时间是姥姥带他。于是我和他妈妈在放学时进行了第一次简短的沟通,跟她解释说:"孩子铅笔不是丢了或者借出去了,而是没有带回家。有的在书桌里,有的上课玩铅笔被老师没收了。"之后我也和她沟通了一些孩子在班级中有趣的事情,提示她多关注孩子,多陪伴孩子。

一段时间后,我发现小明在行为习惯和学习上,都存在一些小问题。我和他的妈妈又进行了一次沟通。"孩子很聪明,最近在学校内很难完成手写学习任务,回家作业完成得不是很好,您有关注孩子的作业吗?""我们会检查他的作业,这个孩子有点不爱动笔写,但是他特别喜欢看书,阅读量很大。"他妈妈说。"孩子的知识面广,在课堂上,他的回答经常能拓宽其他同学的知识面,但是,他上课有小动作、爱和同学聊天,有点影响课堂教学。"他妈妈回复:"哦,这样呀,孩子回来和我说有些科任老师上课都不提问他,而且经常布置任务都不给孩子准备的时间,这样我觉得不太好。"我说:"您能说一下具体的情况吗,是科任老师让带学习用具吗?一般老师都会提前几天和孩子说,在上课的前一天会在群里提示。可能孩子回去没和您说。"孩子妈妈慢慢地说:"这个孩子太让人操心了。"通过这次谈话,我发现他妈妈因为自己没有时间管孩子,变得有些焦虑,喜欢找老师和他人的原因,为自己没时间陪孩子找理由,将不良情绪转嫁给他人。

发现问题后,又过了两周,我将孩子的爸爸妈妈都请到学校,进行一次面对面的沟通,和家长分享了孩子在学校这一段时间的进步以及收获,以及存在的一些小问题。我也详细了解孩子在家的学习和生活,体谅孩子父母工作的繁忙,针对孩子和家长的情况给了家长一些明确的指导。我们共同制订了"家校沟通联系簿",在记作业本上每天简单写几句孩子在校的表现,孩子在家存在的问题也可以及时在上面反馈。家校携手,初步达成一致。

接下来就是坚持。鼓励孩子尽量在学校写完作业,我和妈妈共同检查孩子的作业。在学校尽可能地锻炼孩子。同学间也互相进行监督和鼓励。放学时,小明自豪地说:"老师,今天数学作业我都写完了!"

经过两个月的沟通和交流,大家都看到了小明的进步。小明也变得越来越阳光自信。小明妈妈也感受到老师对孩子的爱,她对老师以及学校也更加理解和宽容,同时也体谅到老师工作的不容易,与孩子的关系也得到了改善。在后面班级活动中,小明妈妈表现很积极,经常和其他家长一起为班级捐赠物资,为活动出谋划策。小明妈妈经常和我说:"多亏有您坚持不懈和我沟通，让我看到了孩子的进步，也学会了如何跟孩子进行交流。谢谢您！"

分析指导

　　有的家长有爱计较、不吃亏、秋后算账的特点，他们日常事务繁忙，不经常与老师沟通，所以当孩子出现困难、疑惑、冲突时，他们时常会因为不了解事件的全过程而缺少对事情的理性分析。他们处理问题的首要原则是保证自己和孩子不能吃亏。对于他们认为不合理的问题，他们或不依不饶，或记在心里，忽视对孩子的指引和教育，以及对自我的觉察与反省。

　　这类家长需要老师的"体谅"。他们平日工作繁忙，所以老师要体谅家长的不容易。教师首先要了解孩子的家庭情况，和家长心平气和地沟通，体谅他们的难处，为家长提供可行性的帮助和家庭教育指导。多和家长沟通，与之建立相互信任和相互体谅的关系。在学校尽可能地帮助孩子，让家长感受到老师在关心孩子，也让孩子感受到老师的爱。将孩子的进步和改变通过一些方式传达给家长，让家长看到孩子的进步，从而缓解家长的焦虑。这时老师再进行有效的家庭教育指导，家长随时关注孩子的状态和情绪。看到了孩子的进步，同时也获得了家长对老师和学校的理解和支持，最终达到共同教育的目的。

沟通感悟

　　从一个爱计较、不吃亏的家长，转变到积极配合学校工作的家长，起到关键作用的是相互体谅。体谅家长的一些实际困难从而实现家校共育。家长和老师都是爱孩子的，爱也是家校合作的纽带，通过沟通更好地表达对孩子的爱。每一个家长都想了解孩子在学校的表现，想看到孩子在学校的点滴进步，而老师就是见证孩子进步的那个人。通过老师细致入微观察孩子的行为和表现，将对孩子的爱传递给家长，孩子在学校让家长放心。这样的沟通是必不可少的，也是帮助孩子成长的有效途径。

暖心沟通关键词 **17**

主动

好词解读

　　"主动"与"被动"是一对反义词，主动是主观上自觉去做某事，不等外力推动而行动，使事情按照自己的意愿进行。

　　在沟通中，主动是一种积极的态度，作为教师能够主动与家长沟通，积极与家长一起寻找问题产生的原因和解决办法，这样做能赢得家长的好感与信任，消除彼此之间的隔阂，增进理解、敞开心扉、达成共识，避免产生更大的问题，主动沟通会带来积极的改变。

 **暖心故事**

一棵树摇动另一棵树

　　轩轩是我新带班的一年级学生，他聪明活泼、调皮好动，课堂上总是忍不住和身边的同学讲话。"你们班的轩轩上课时又和旁边的同学说话！"美术老师气愤地说。我不止一次听到各科老师这样的反馈。

　　为了让轩轩尽快进入一年级的学习状态，我决定给轩轩的爸爸打电话谈一谈轩轩的情况。

　　"喂，您好，是轩轩爸爸吗？我是轩轩的班主任，开学有一个月的时间了，我想和您聊一聊轩轩最近在学校的情况。"双方沉默了一会儿，看轩轩爸爸没有回答，我继续说道："轩轩爸爸，轩轩近一个月……"正期望着得到轩轩爸爸的反馈，电话另一头传来"好的，老师"四个字的简短回答。过了一个星期，发现轩轩的上课状态并没有明显的变化，我决定邀请轩轩爸爸来学校，当面聊一聊孩子的教育问题。"喂，您好，是轩轩爸爸吗？我是轩轩的班主任，请问您明天有时间来一下学校吗？"没想到，轩轩爸爸冷冷地说："我最近很忙，没有时间去学校。"最后抛下一句："去学校有什么用！"我非常惊讶，轩轩爸爸为什么会回避与我沟通，他是不是对我有什么误会呢？我多次反思自己，冷静下来后，突然想到心理学家陈默说的一句话："人在愤怒或有负面情绪时，思路是特别狭窄的、简单的、本能的，这往往是受原生家庭影响。"我恍然大悟，会不会轩轩爸爸的回避与那天的情绪，不是冲着我来的，而是受到他早年经历的影响。为了避免矛盾升级，我决定要再次找机会和轩轩爸爸聊聊，这次一定要积极倾听他的想法，尽量理解他的情绪，做到耐心沟通，让他了解我对轩轩的关心和照顾，解除互相之间的隔阂。

在一次放学时，我正好看到轩轩爸爸来接轩轩，我连忙热情地打了招呼并请他来到教室，轩轩爸爸态度依然生硬，我冷静地请他坐下，倒了一杯热水，耐心平和地和他交流起来："轩轩爸爸，您的情况我大概了解，轩轩妈妈在外地工作，平时都是您一个人照顾轩轩，我能理解您的不容易。轩轩那天在课堂上讲话我批评了他，但我是爱轩轩的，希望您不要在意。轩轩是您的孩子，也是我的学生，他在课堂上讲话，作为老师需要对他进行批评与教育，即使是我自己的孩子我也是会这样做。不过我对孩子的批评是出于对他的关心，语言里没有贬低和恐吓的意思。"听到这里轩轩爸爸神态温和了很多。

为了探究他内心对老师对立心态背后更多的原因，我继续问道："您因工作到处出差，平时一定很辛苦，对轩轩有很多惦记和不放心的地方吧？您是不是怕轩轩在学校受委屈呢？"这时轩轩爸爸愣了一下，随后往后坐了坐，若有所思地长叹了一口气说："老师，不瞒您说，轩轩在学校我确实不放心。因为在我小时候，我的班主任经常针对我、批评我，导致同学都孤立我。我真怕轩轩也会有同样的遭遇。"听到这里，我感受到了他的担心，也深深理解了轩轩爸爸情绪爆发的真正原因正是来自他的早年经历。我安慰他说："轩轩爸爸，我也和您表个态，在学校我会像对待自己的孩子一样疼爱轩轩，肯定不会让轩轩重复您当年的经历。轩轩虽然有些调皮，但很聪明懂事，前几天我和他一起做了一个计划，分析了下次如何才能保证上课认真听讲、不讲话。上次做了计划后，轩轩几乎能够保证上课认真听讲了，但是轩轩有时还是会控制不住自己，希望您在家的时候再嘱咐轩轩上课认真听课的重要性。如果只有我一个人的叮嘱，这个计划就会像瘸了腿的拐杖，使不上全力。只有老师和家长一起，才能让轩轩更好地成长！"轩轩爸爸感受到我的善意和对轩轩的关心，连声说了"谢谢"。

教育的本质意味着一棵树摇动另一棵树，一朵云推动另一朵云，一个灵魂唤醒另一个灵魂。我经过多次的主动沟通，轩轩爸爸对我的态度有了很大改变，经常会给我发信息了解轩轩的学习和生活情况，询问我的建议，轩轩也更加遵守纪律……这样的家校关系为轩轩提供了良好的成长环境，我从心底里为轩轩高兴！

分析指导

有这样一类家长，他们一般固执己见、难于沟通，内心缺乏安全感，不愿意相信他人。但当他们得到老师主动的关心、理解与尊重时，他们就会愿意和老师合作。

与这样的家长沟通时，需要教师的"主动"。当这类家长的孩子出现了问题，老师不能不管不问，避而远之，而是应该及早主动联系家长，真诚地主动地与家长进行沟通，给予家长足够的安全感。在沟通的过程中，老师应该主动观察家长面对学生问题的情绪和感受，积极聆听对方的想法，主动告诉家长自己帮助孩子的做法，进一步告知家长在家应如何帮助孩子。如果前几次家长对老师的反馈有些冷淡也不要紧，当沟通的次数多了，家长发现老师是真正地关心孩子，是与家长站在一起的，他们就会愿意和老师一起努力想办法，帮助孩子成长，从而形成良好的合作共育、共赢关系。

沟通感悟

学校的教育离不开家长的配合，只有家校形成合力，才能使教育效果事半功倍。虽然我与轩轩爸爸前两次的沟通效果并不理想，但庆幸的是，经过我不断努力与轩轩爸爸主动进行沟通，最终打开了他的心扉，得到了认可，转变了他对轩轩的教育方式。教师的职业特点较独特，更多时候处理的是与人的关系，主动沟通就是构建家校合作的重要手段。面对问题，如果我们选择了忽视，这个问题就会像滚雪球一样越滚越大，最终难以收场。但是如果我们主动沟通、积极化解，可能会避免与家长产生误会，更好地实现家校共育，促进学生健康成长。

暖心沟通关键词 18

微笑

好词解读

"微笑"一词原本没有褒贬之分,是不显著的、不出声的一种笑。人是微笑的载体,微笑是人的面部表情因双唇轻启、牙齿半露、眉梢上推、脸部肌肉平缓向上向后舒展而带来的一种效果。

在沟通中,微笑是善良、友好、赞美的象征,是对他人的理解、关心和爱的表达,是礼貌修养的表现,是积极乐观的生活情趣。微笑的内涵博大而富有感染力。

 **暖心故事**

微笑在左,沟通在右

2020年9月10日这一天,是我过的第二个教师节。在这天,我收到了来自同学们自己亲手制做的小礼物和家长们向我发来的感谢信息。就在我沉浸在这份欣慰与快乐之时,好心情被一阵急促的电话铃声打破。

"老师,阳阳的肚子被刘轩踢了一脚。"我马上给刘轩的妈妈打了电话,为双方进行了调节和沟通,阳阳原谅了刘轩,双方和解了。

到了第二天,原本我还想和刘轩聊一聊昨天发生的事情,但是他脸上的血痕又引起了我的注意。那是用巴掌打成的一道道的血痕,孩子的眼眶周围也有些发青。当我再次仔细看伤痕时,孩子用手遮掩住伤口,眼里泛着泪光,我没有开口再问什么。这让我联想到平时孩子在校时的情绪不稳定及种种暴力表现,我决定找个时间和孩子的妈妈聊一聊,更深入地了解孩子的基本情况。

那是一个周二的下午，我把手头的工作提前做好，整理好自己的衣着，以最好的状态迎接孩子妈妈的到来。在同学们都放学后，我把刘轩的妈妈请到了学校。

正式谈话还没有开始，我就很明显地感受到孩子妈妈有些紧张。于是，我首先给了她"三个一"，即一把椅子、一杯茶、一个微笑。我还没有来得及开口，孩子妈妈就看着我略表歉意地说："老师，真是太对不起了，孩子给您和班级带来了麻烦，让您受累了。"我面带微笑柔和地说："刘轩妈妈，您不用紧张，我请您来学校，不是向您告状的，是为了了解情况帮您解决问题的。既然来了，就别有什么心理负担，我们今天就敞开心扉，像朋友在一起聊天一样。这才是今天咱们俩见面的目的和意义所在。"孩子妈妈见我这么说，紧张的气氛明显缓和了很多，彻底放下了戒心，向我敞开心扉，说道："老师，不怕您笑话，孩子爸爸在外地工作，很长时间才回来一次，我们夫妻二人长期处于分居的状态，现在也正处于离婚的边缘。孩子本身因为患有感统失调和情绪障碍，在二年级时因为照顾孩子，我的身体也不是特别好就辞了工作，专门照顾孩子。在家里，孩子有时因为一些事情他自己不满意就会发脾气。我有时也会因为不满意孩子的表现，大声骂他、打他，我当时真是控制不住自己。"听到孩子妈妈说的这些情况，这就和上一任班主任嘴里口述的情况相吻合了。孩子在家里经常可以听到吼叫、埋怨、责骂、争吵的声音。其实，刘轩是比较聪明的，但同时性格比较急躁、敏感和倔强。

我向她投去友好的眼神，微笑且耐心地对家长说："刘轩妈妈，您别着急，您先看我说的有没有道理。我们在打骂孩子的同时，自己也犯了很大的错误。过分的打骂会使孩子对父母感到恐惧而疏远父母，有的孩子为了避免挨打，经常说一些谎言来欺骗父母，不愿意向同学和家人坦露自己的心声，孩子的脾气也会变得异常暴躁，产生逆反心理。您说对吗？""老师，我打完孩子也后悔，看着孩子哭我也很心疼。"孩子妈妈用颤抖的声音说道。看到这样的情景，我赶紧握住了她的手，看着她，试图缓和她激动的情绪。"老师，您说的对，我没有意识到事情的严重性。原来最需要改变的是我这个当母亲的，我是个不合格的母亲啊。"刘轩的妈妈红着眼圈，心中激动不已。

分析指导

有这样一类家长,他们具有情绪波动比较大,心情主导行为的特点。他们没有形成正确的教育孩子的观念,常常有"怒其不争""恨铁不成钢"的心理,对孩子学习成绩要求高,对孩子在校日常行为表现不满。他们认为"棍棒之下出孝子",打骂体罚是他们惯用的批评教育手段。由此与孩子之间会产生一定的隔阂,过分打骂会使孩子对父母感到恐惧而疏远父母,有的孩子为了避免挨打,经常说出一些谎言来欺骗父母,不愿意向同学和家人坦露自己的心声,孩子的脾气也会变得异常敏感暴躁、胆小懦弱,产生逆反心理。

针对这样的家长,需要教师的"微笑"应对。在谈话中,教师应使用"和风细雨式"的谈话方式,让家长明白老师请家长来到学校,不是想给学生告状,而是为了帮助学生了解和认识到自己的缺点和错误并加以改正,希望与家长合作,共同努力,让家长对老师产生充分的信任,这样充分运用好语言艺术和沟通技巧,可以让家长更容易接受老师的意见建议,最终向一致的教育目标前进。

沟通感悟

与学生家长的一次润物无声的交流谈话,让学生的妈妈有了很大的改变,她愿意耐下心来倾听孩子的想法,不再使用暴力方式教育孩子。孩子的性格有了很大的转变,变得乐于助人且情绪稳定,在对一些事情的判断上有自己的想法,一切都在向好的方向发展。通过这件事情,我也深刻地感受到,谁把家长工作做得扎实、到位,谁就能抢占教育的制高点,从而获得社会对我们工作的肯定、认同。

暖心沟通关键词 ⑲

赞美

"赞美"是发自内心的对于自身所支持的事物表示肯定的一种表达，恰如其分的赞美能增进人与人之间的感情。

赞美他人是一种优秀的品质，家长更需要被赞美。家长在陪伴孩子成长的过程中会有许多迷茫和无措，对家长的赞美，能在无形中成为家长的动力，改变家长对自己的看法。老师在与家长沟通时要学着去赞美家长，赞美家长的优点和长处，给家长展示自己的优点的机会。

 暖心故事

您是最棒的妈妈

小依是一个心灵手巧、聪明伶俐的孩子，但人缘不好。她经常嫌弃同学们写错字、算错题。我对小依说："写错了改正过来就好了。"但小依很委屈，说："我妈妈就要求我不能犯错，错了就是笨小孩了……"

回想起和小依父母的日常沟通，我能感觉到小依的父母对孩子的成长很是关心。他们经常问我小依在校的表现，并嘱咐我一定要对小依严格要求。但小依现在的状态让我决定找小依父母聊一聊。

我联系了小依妈妈。电话那头是一个冷静又理智的声音。我没有直接指出小依和同学们相处的问题，而是从小依的优秀表现说起："小依妈妈您好，小依最近在学校的表现非常好，还在数学活动中获得了一等奖呢，孩子可高兴啦。"

"感谢尚老师的辛勤培育。"小依妈妈紧接着说，"小依这孩子的计算能力不强，不知道这次的学科活动班上还有几个一等奖？小依还有哪些地方做的不好？"

我听了小依妈妈的提问，感觉到小依妈妈的重点并不在"一等奖"这件事情上。我没有直面回答她的问题，而是强调小依的优秀表现，接着对小依妈妈抛出了一个问题："您觉得小依表现得怎么样？"

小依妈妈在听到了我对小依的夸奖后，坚定地否定了我："尚老师，其实小学阶段的计算并不难，小依能做到这个程度也是应该的，我像她这么大的时候，我的妈妈都教我高年级的知识了。不怕您笑话，我和她爸爸都是'笨鸟先飞'才考上大学的，我们的孩子也得有这样的觉悟，也希望您能别动不动就表扬她。"

听到这里我意识到，在小依妈妈眼中，被表扬、被赞美统统都是"毒药"，为了避免小依停滞不前、缺乏动力，小依不能接触到任何赞美和肯定。小依妈妈继续说："我和小依爸爸从小到大都没有因为做对一道题这样的小事得到过赞美，这本身也没什么可夸赞的。"

原来小依父母双方都是在这样不善赞美的环境下成长的，我理解了小依妈妈的教育方法但否定了她："每个人的成长都是不同的，您和爸爸的经验并不一定适合小依。您回想一下，当您被赞美时，是不是会有继续努力的动力？当您掌握了一项新技能时，会不会想让别人肯定您？当您不被认可时，是不是会情绪低落？"

我继续向小依妈妈讲了小依与同学交往的困境。小依对自己要求严格，每当自己达不到父母的要求时，就会陷入深深的自责中，认为自己对不起父母，不配拥有父母的爱。不仅如此，她对同学们也是这样，她认为同学们都应该是不做错题、不写错字的孩子，只要达不到她的要求，她就会埋怨和批评同学。从她嘴里听不到任何肯定和赞扬，没有人愿意和她做朋友。

妈妈这才意识到孩子可能已经成为"另一个自己"。小依妈妈没有再说话。我知道，任何人都渴望被赞美，小依妈妈也同样渴望，只是她的成长环境弱化了这种渴望，并且她也在继续施压去弱化小依对赞美的渴望。

要想改变小依妈妈畏惧赞美的心态，光靠讲道理可不行。我决定"言传身教"，加强与小依妈妈的沟通，提供展示自我的机会，借此加强对她的赞美。

于是，在缴饭费时，我赞美小依妈妈的速度，总是班级里面第一个完成的；在小依参加课本剧表演时，我赞美小依妈妈的执行力和动手能力，能用一个晚上的时间改好演出服；在家长大讲堂结束后，我赞美小依妈妈作为博物馆讲解员的专业性，为同学们呈现了一场美妙的展览……小依妈妈，您简直是最棒的妈妈！

那段时间，我"死缠烂打"地创造赞美小依妈妈的机会，终于在一个月后，小依妈妈主动给我打来了电话。

电话那头是一个沉稳但欢快的声音，小依妈妈说："尚老师，我感觉我和之前不一样了，感谢您的用心良苦，感谢您对我的不吝赞美，被肯定、被夸奖的感觉太美了。我亲身体会到，在听到肯定和赞美之后我干劲十足，效率大大提高，之前让我'闻风丧胆'的赞美，竟然这么有魅力。跟您讲个秘密，我和小依爸爸竟然开始互相赞美了，我俩的感情都不一样啦！我们也开始赞美小依了，我明显感觉到最近孩子跟我越来越亲，有心里话也跟我说了，也开朗了好多，真的很感谢尚老师。"

我欣慰于小依和妈妈的改变，也为她们的勇于改变而鼓掌。在妈妈的改变下，小依也开始和同学们分享父母的赞美，也学会了肯定他人的优秀，由一个给人压力的"火药桶"变成了给人力量的"加油站"。

赞美像阳光一样照耀着人们的心灵。每一位家长都应受到发自内心的赞美，每一位家长也都应该在合适的赞美中成长为更好的家长，让赞美之声谱出激昂的乐曲，鼓舞家长奋勇前行。

分析指导

有一类家长在教育问题上无法接受自己的一点缺点和不足，凡事都要求自己做到最好，但凡有一点做的不如其他家长，就会非常自责和自我怀疑。

赞美家长的优点和长处，是老师需要做到的。没有家长会觉得自己一无是处，教师最主要的任务就是多肯定、多认同、多赞美家长，让家长有机会去发挥自己的优点和长处。

此类家长会更在意他们眼中自己没有做好的部分，教师需要站在同样的位置上思考问题：如果自己努力工作但是不被认可、不被看到，我们心里会是什么样的感觉呢？难过？伤心？愤怒？任何人都无法忍受别人一味的否定，更何况是初为父母的家长呢。智慧的家校沟通中绝没有单向指责、埋怨，而只有赞赏、夸奖和鼓励，以及偶尔的适度质疑和提问。所以老师要学会去赞美家长，给予最有力的鼓励，最终达到家校合力育人的目标。

沟通感悟

家长在以"父亲"或"母亲"的身份自居时，会一味地追求"完美"，希望自己在教育问题上做到十全十美，全力以赴帮助孩子成长。赞美家长，让家长感受到被赞美时获得的力量，用老师与家长的正向交流激发家长体会赞美的重要性，肯定家长的同时，也能潜移默化地激励家长赞美学生。这样家长就会在赞美中缓解自己的心理压力，也让孩子充分感受到来自家长肯定的喜悦，并且转化这份喜悦为动力，更加积极向上。希望每位家长都能在合理的赞美下成为更好的家长！

暖心沟通关键词 20
欣赏

"欣赏"作为动词，有两层含义，一是享受美好的事物，领略其中的情趣；二是认为好，喜欢。欣赏，是一种"半江瑟瑟半江红"的多彩和宁静，是"晴空一鹤排云上"的爽朗和美好，更是"月出于东山之上"的豁达和澄明。

欣赏作为一种情感，它具有巨大的鼓舞力量，作为教师，在与家长沟通时从欣赏着手，一方面能给家长以教育信心，另一方面能够让家长在情感上认同你、亲近你，更愿意配合老师的工作，达到家校携手育人的目的。

 暖心故事

心有欣赏，教育安暖

小洋是我班中的一位小男生，活泼开朗但纪律意识较差，上课爱接话、小动作较多，课间在教室跑闹，卫生习惯也不太好。我决定与小洋妈妈沟通，希望家长平时多做正向引导，帮助孩子养成好的习惯。

小洋妈妈是一位个体经营户老板，平时需要看店，孩子基本交给姥姥照顾。了解到家庭情况后，我就"孩子需要父母的陪伴"这一点和小洋妈妈沟通，孩子妈妈也意识到老人可能太娇惯孩子，孩子身上存在较多的小问题，她答应今后一定多抽时间陪伴孩子。过了不久，在与小洋单独聊天时我发现孩子妈妈并没有做到抽时间多陪伴孩子，孩子说妈妈回来很晚，到家后要么在处理工作，要么做家务，更多时候还是姥姥陪着。

看到小洋身上的问题没有得到很好地解决，我没有着急找小洋妈妈进行沟通，而是耐心观察，等待好的沟通契机的到来。契机出现在一节语文课后，我的语文课前会有 3 分钟的故事分享时间，孩子们轮流上台来分享，这一天轮到小洋分享，从小洋讲述的故事内容来看，家长完全没有协助孩子提前准备好故事，孩子上台后给大家背诵了刚学过的一篇课文《吃水不忘挖井人》，但我依然带头为小洋鼓掌，表扬他背得很流利，期待他下次能给大家带来更精彩新颖的故事。放学后我给小洋妈妈打电话，告诉她孩子有很强的临场应变能力和记忆力，今天轮到小洋分享故事，但他忘记提前准备故事了，可依然鼓足勇气走上讲台，给我们背诵了课本里的故事，一字不差，情感饱满，同学们都很喜欢听小洋讲故事，希望妈妈能陪小洋再准备一个新故事，下周分享给大家听。小洋妈妈听后一个劲儿道歉，说自己当妈妈太不称职，这么好的一次展示机会，自己没有陪孩子好好准备，她答应晚上回到家就带着孩子准备新故事与同学们分享。小洋在第二次展示时，进步明显，他讲的故事让全班同学听得津津有味，这次没用我带头，大家都纷纷为他鼓掌。我把小洋第二次上台的表现录成视频发给孩子妈妈，并发了一段语音，表扬妈妈对孩子的用心。小洋妈妈说，孩子今天回来后一直高兴地讲着自己在学校的表现，她看到自己的陪伴换来了孩子满满的自信与成就感，她保证以后一定多花时间在孩子身上。

在以后的课堂上，经常能看到小洋在努力做到规范自己的言行，课间他也克制自己不跑闹，他想赢得老师和同学们的认可与掌声。我跟家长的沟通也一直维持着，每次沟通我都能说出孩子令我欣赏的某个行为、某方面的改变，同时肯定孩子的这些变化离不开妈妈在背后的默默付出与陪伴，孩子妈妈听完欣慰地笑着。现在，小洋妈妈在教育孩子方面是十足的行动派，她愿意花更多时间去为班级做一些力所能及的事情。与小洋妈妈的沟通让我看到欣赏这一方法在家校沟通中的魅力，它是最好的给予，也是最有效的沟通。

分析指导

故事中这一类型家长，他们身上具有答应教育孩子，却只说不动的特点。他们与教师沟通时，有求能应、有邀能到、态度谦和，且教育孩子的时候头头是道，但是对孩子的教育只停留在口头上。至于说的管不管用，有没有实际效果，他们却没有想过，不能持之以恒地将教育付诸行动。

面对这种类型的家长，教师在与其沟通时要注意长善救失、扬长避短，看到他们的优点并将优点放大，这是欣赏方法的"赏"。同时，我们也要做到"欣"，与家长沟通时，当看到沟通许久的事情没有得到改善时，作为教师可能会容易着急、有情绪，这并不利于目标的达成。首先，教师自己要有一个良好的心态，学会自我调适，保持专业的态度。其次，用欣赏的方法积极引导，如：肯定家长的配合、肯定孩子良好的态度，但是要清晰指明孩子改进的方向，并且提供恰当的、容易践行的方法。最后，要保持适度的沟通频次，适度沟通可以及时了解问题的进展，对家长也是一种积极的督促。

沟通感悟

家长与老师有一个共同点，那就是都希望孩子好，只是有些家长没找到正确的教育方法，所以当孩子身上出现问题时，他们只会说教不会施教，我们与这样的家长沟通时不能仅仅是一种问题的告知，更需要具备一种解决问题、服务家长的意识，我们可以试着用欣赏的方法，在沟通中让家长看到孩子的改变，让家长充分感受到惊喜和成功的希望，看到老师对教育孩子的用心，当他们发自内心把老师当作参谋，他们的教育积极性就被调动起来，他们愿意配合学校，促进孩子的健康成长。

第三篇

教师与家长和睦沟通

孟子说："爱人者,人恒爱之;敬人者,人恒敬之。"教师要用诚恳的态度对待家长,让家长觉得教师可亲可信,从而诚心诚意地支持和配合教师的工作,维护教师的威信。无论运用何种方式、何种技巧与家长沟通,最关键的是要以和为贵、平等相处,教师要放下"教育权威"的架子,虚心听取家长的意见,改进自己的工作。同时,教师要努力提高自己的道德修养和理论水平,这样才可以架起心与心之间的桥梁。

暖心沟通关键词 ㉑
报喜

"报喜"一词的意思是指报告喜庆的消息。

在中国的传统民俗中有许多报喜的礼俗,且报喜方式也因地域不同,略有差异。现如今,报喜所传递的是生活中那些令人高兴的、值得庆贺的事情。

在沟通中,报喜是一种肯定、鼓励和赞美;是一种对他人的理解,对彼此关系的认可;是一种分享快乐,让大家都快乐的过程;更是一个人有道德有底气有素养的表现。报喜所传递出的好消息也往往使人兴奋且令人愉悦,甚至会产生令人积极向上的力量。

 暖心故事

放飞风筝

在我们眼中,孩子是上天赐予的礼物——他们有完美的肌肤,完美的笑容,完美的一切。可是这些完美,却在高期待型父母的期望中,被一点点的侵蚀甚至是吞没……

希雅是一个六年级的女生。在每周一节的美术课上,她从不主动发言也不爱看黑板。我只能偶尔透过她长长的齐刘海,看到一双淡然且迷惘的眼睛。她从不准备专用的图画本和彩笔,但每节课都会从白报本上撕下一张纸迅速完成课堂练习后用签字笔画她自己的小画……

一次绘画比赛让我走进了希雅的小世界,也认识了一位对女儿充满期

待的妈妈。希雅妈妈通过班级 QQ 群主动联系到我，想为女儿报名参加本次绘画比赛，并说孩子的材料和作品都准备好了，等接希雅时可以亲自把作品交给我。我十分惊讶也很高兴。当天下午我遇到希雅询问作品情况，却从孩子口中得知希雅妈妈为了让她参加比赛逼她画到了深夜，在画画的过程中还不断地对她进行否定。类似这样的事情并不只这一次，这令希雅非常苦恼。

　　下午放学，希雅妈妈热情地把希雅的作品交给了我。我有意地问了身旁的希雅一句："你喜欢这幅画吗？"她只是摇摇头，没有作声。于是，我把希雅妈妈请到一旁，说："希雅妈妈，我看孩子不太喜欢这次创作的作品，而且希雅和我说不太想用这个作品参赛。"希雅妈妈没有回答，眼神中透露出了一丝尴尬。于是我主动说道："希雅妈妈，据我观察，希雅的造型能力不错，而且她非常擅长画创意类的作品。她很有自己的想法，所以作品形式感很好，也很有特点。"妈妈凝固的表情有所缓和，对我说："老师，她从小爱画画，没事总在家画，一画就是好久。"看着希雅妈妈轻松自然的神情，我能感受到作为母亲，自己孩子的天赋被看到、被欣赏的那份发自内心的开心。于是，我顺势说："是，希雅确实在绘画上有天赋，而且有想法，喜欢独立思考。有次上关于色彩的课程，练习环节我看到她的作品颜色搭配，给了一些指导建议，但她表示还是坚持自己的想法。于是我按照她的思路和想法教她用明度区分，最后的作品效果我们俩都特别喜欢。您看看，这就是我当时给孩子的作品拍的照片。"在看照片时希雅妈妈频频点头，脸上更是情不自禁地欣赏。然后，她就兴奋地从包中拿出自己的手机，忙着和我分享道："老师，您看，希雅的画我也总给她拍。我为了让她画得比别人更好，常常在网上找一些绘画资料让她'照猫画虎'地练。"我说："希雅妈妈，临摹优秀的绘画作品确实是美术中的一种学习方式，您培养希雅画画可真是没少下功夫啊！"这时希雅妈妈的脸上已经乐开了花。我看时机成熟便说出了我的想法："希雅妈妈，其实绘画也是一种语言，能表达出孩子的所有想法。我想我们可以给孩子更多机会让孩子为自己发声，让她享受创作的过程、表达自我。更何况希雅又是一个特别有想法的孩子，给她一些空间，让她按照自己的想法创作，她一定会创作出令她自己满意的作品。相信那一定也不会差！"希雅妈妈沉默了片刻，右手拿起手机看了眼时间："谢谢老师，下次让她再自己创作吧，这次的画我觉得挺好的。"我知道，这次沟通并没有憾动希雅妈妈那根深蒂固的思想。

当晚，我回想着希雅对我的话、希雅妈妈的强势表现和那幅希雅并不喜欢的参赛作品，我辗转反侧、难以入眠：既然比赛的截止时间还没有到，希雅就还有机会画自己真正想画、想表达的世界。我希望绘画缘于内心的热爱，而非以爱之名的绑架。转天，我一早便去班级门口等希雅，将我的想法告诉了她。这时透过那长长的刘海，我看到的是一双闪着光和兴奋的眼睛，这也更加坚定了我要留住一个孩子真实绘画的想法。我用两天的课间和午休时间陪着希雅从构思、构图、起稿、定稿、上色、调整，全程都以希雅的想法为主，我负责为她提供创作的环境和工具，并根据她的想法进行针对性的创作辅导。希雅在完成最终创作那一刻，眼睛里流露出的是满满的自信……

当天下午放学，我提前约了希雅的妈妈。我将孩子在绘制作品过程中记录的照片，以及孩子最终呈现的作品，一一展示给希雅妈妈，并告诉她，这幅作品是希雅全程独立创作的，没有参照任何作品。希雅妈妈不住地赞叹和问道："老师，这真的是希雅自己画的吗？"在反复确认后，希雅妈妈满脸洋溢着灿烂的笑容。我也真诚地对希雅妈妈说："非常抱歉，希雅妈妈，我在没经过您允许的情况下，又带着孩子画了一幅参赛作品。因为希雅明确告诉我她不喜欢之前的那幅作品，我也考虑到还有时间，所以在征得希雅同意后，我带着孩子利用课间和午休的时间完成了这幅作品……"希雅妈妈握着我的手激动地说："老师，这画画得太好了。"我就自己的专业理解继续说道："我们都知道，儿童与成年人不一样，儿童的想象力需要以他们的已有经验为基础。如果他们缺乏感性经验，我们就需要提供各种视觉、实物、故事刺激，用启发、引导等基本方法，唤醒他们曾有的经验，再加深、扩大他们的经验范围和想象空间。希雅这个年龄正处于拟写时期，她能有这么好的想象力和创造力非常宝贵，我建议您能给她一些独立思考的空间，以孩子的视角看问题，切莫主观判断，以大人意志为中心。""其实，教育孩子，我们可以像放风筝一样，适当地把线放长一些，风筝才可以飞得更高……"希雅妈妈拉着我的手，全神贯注地听着。在希雅和她妈妈离开的背影中，我看到了希雅偷偷给我的那一个"胜利"的手势。

过了半个学期，当比赛结果出来的时候，希雅的作品不仅取得了区级一等奖，还代表滨海新区被推送到市里，也获得了一等奖的好成绩！当我告诉希雅这个好消息时，她露出了孩子才有的纯真笑容，激动地抱住我说了声："老师，谢谢您。"希雅毕业后，我也总能收到希雅的原创作品和她作品参赛的好消息，希雅通过自己的努力展现出自己在绘画上的天赋和实力，希雅妈妈也会时常和我沟通，我也看到了希雅妈妈的接受、调整和改变。

分析指导

家长普遍具有"望子成龙，盼女成凤"的心理期待。根据期待又可以将家长分为两类：一类家长对孩子有非常明确的要求和期望，但是这些要求和期望往往建立在家长的个人信仰、个人喜好或者是自身没有实现的愿望之上，忽视孩子的兴趣、能力与性格，让孩子被动接受，完全遵从家长的要求和标准去做，成长为家长期望的孩子；另一类家长对孩子没有非常明确的要求，但总是和别人家的孩子进行对比，只看到别人家孩子的优点和自己家孩子的不足，期望自己家的孩子样样比别人强，成为一个"全才"。但无论是哪一类，他们都会有一个共同的行为——当孩子取得进步时，家长往往觉得孩子做得还远远不够，紧接着提出另一个更高的目标，在无形之中很容易对孩子产生过高的期望。

针对这类家长，教师首先要理解家长的对于教育子女的"急难愁盼"，不要急于否定家长的"高期待"或"超期待"，而是在充分了解此类家庭中学生的基本情况和基本能力后对其父母展开"投其所好"式的沟通与引导。这类家长通常对孩子的人生充满期待，不顾孩子的实际情况，对孩子期待过高，给孩子带来巨大压力的同时，也在伤害着孩子的内心。所以在与此类家长沟通时，我们可以尝试用报喜的方式在家长的言论中寻求正确的观点跟随，帮助家长认清孩子的现实情况后，见机引导家长转变教育方式，让他们充分信任孩子，对孩子正确表达期待，既要助力孩子成长，又要让孩子活出自我。

在教育路上,作为老师和家长,我们既然愿意向孩子敞开心扉,就不要让"教育"变成一种压迫与操纵。倒不如做一个放风筝的人,用"收放自如"缓释自我焦虑,让孩子用热爱放飞自我,从兴趣爱好中增长见识。

其实,在成长的路上,孩子会尽力达到父母的期望,但总有力不从心的时候。高期望型的父母一味的施压只会让孩子的内心充满煎熬,而且极易打击孩子的积极性。老师不如换种方式去引导,投其所好,肯定家长的教育付出,顺着家长的期盼及时报喜。用缓释法修正家长的教育观,帮助家长分析孩子实际存在的问题和真实的能力水平,从容平和地教育孩子。

暖心沟通关键词 22
平和

好词解读

　　"平和"是指性情或言行温和，与人交往沟通保持一份平和的心态。教师在与家长沟通中需要淡定平和的心态，坦然面对一些不够友善的家长，我们在有礼有节的前提下，不必一味躲避退让；拥有一颗平常心，以平和的心态做到不卑不亢，但又据理力争。让家长信服我们的工作，尊重我们的工作，争取家长更多的支持。

 **暖心故事**

"平心"而"论"

　　记得那年我接的一个二年级班，是年级组长班，因此我心里很有压力。在交接班时，前任班主任和我介绍了该班学生及家长情况——因为这个班成绩优异表现突出，所以家长们优越感十足。大部分家长较为配合工作，但也有极个别家长要求比较多。面对一个新接手的班集体，开学第一周，我几乎没有吃一顿完整的午饭，我努力观察每一个孩子的就餐情况——哪个孩子爱吃肉，哪个孩子爱吃菜；哪个孩子不吃鸡蛋；哪个孩子爱喝汤，哪个孩子喝水少——这些都成为了我的重要工作记录。

　　一段时间后，我的工作得到了对大多数家长的认可，但是有一位家长还是引起了我的注意。开学一周后，琪琪妈妈打电话对我说，之前孩子到学校后，班主任都会拍一张照片，然后告诉她孩子已经到校。希望孩子每天上学到教室后，我也能给她发张照片，这样她比较安心；并且还让我帮她记录孩子每天喝了几次水，去了几次厕所。听到这些我没有着急，而是先调整自己的心态，因为我也是妈妈，我试着去理解家长的心情。我心平气和地对琪琪妈妈说："孩子已经长大了，可以自己独立进入学校，每个孩子都要经历成长。您看着孩子走进学校，学校有很多老师，不会有安全问题；如果孩子没有按时进教室，我会和您及时联系。孩子已经二年级了，自己知道什么时候该喝水，什么时候该去厕所，当然，我们每节下课也会提示学生喝水、去厕所、准备下节课的学习用品。"虽然我婉拒了家长的请求，但我每天会在群里发一些孩子们在学校的生活照，也是为了让琪琪妈妈放心。一段时间后琪琪妈妈又给我打来电话说："老师，孩子告诉我说喜欢现在这样，喜欢上学，不想再像之前一样，每天都有妈妈的眼睛在监视她。"孩子的话让琪琪妈妈也觉得孩子长大了许多，懂事了许多，同时她也理解了老师的良苦用心，感谢老师对孩子的培养。其实，对于家长提出的一些不合理要求，我们可以用其他方式巧妙的婉拒，这样可以使我们自己与家长都不尴尬。

　　还有一位阳阳家长，开学一段时间后与我沟通，说孩子学习退步较大。妈妈焦急地对我说："我们之前是咱们年级最好班里的最好学生，为什么换了老师以后退步这样大？"我保持一颗平常心听着阳阳妈妈诉说着自己的焦虑，等阳阳妈妈发泄过后，我反问阳阳妈妈："是谁说过咱们是最好的班？孩子是最好的学生？参考标准是什么？我们是这个年级比较优秀的班集体，但是孩子和上学期比较确实出现了一些问题，我和之前的班主任也做过沟通，比如孩子上学前，口算基础比较多，但识字量少，阅读理解能力弱，一年级数学题都是老师带着完成作业，由老师读题，而到了二年级，完全是孩子自己独立完成作业，所以有些题目孩子就不能完全理解了。孩子很优秀，以前是，现在也是。他在成长过程中有这样那样的问题很正常，我们作为老师和家长都应该正视孩子的不足，帮助孩子共同进步，您光着急也不能解决问题不是？当务之急，我们应该提高孩子的识字量和阅读理解能力，我也会在学校帮助孩子重新找回自信。"阳阳妈妈听了我的话，连忙说："老师，我刚才也是看孩子成绩有退步，比较着急，您别介意，我知道孩子识字量少，但是没有意识到影响了孩子的数学学习，今后我们在家也会多阅读，麻烦您在学校多关注孩子。""这个您放心，咱们一起帮助孩子，孩子理解能力和接受能力都很好，相信很快就会有所提高的。"经过一段时间的不懈努力，阳阳的数学学习不仅有了很大的进步，还对数学充满了兴趣，家长也反馈孩子在家也喜欢做数学练习，自己对数学学习自信心满满，非常感谢老师正确的引导。

俗话说，话不挑不明，理不讲不清。当面对各种焦虑的家长，只要我们本着对学生负责的态度开展工作，对待家长怀揣一颗"平常心"，以平和的心态与家长打交道，注意策略，讲究方法，我想不论是什么样的家长都会理解我们工作的。

分析指导

有这样一类家长，他们具有全心全意关注孩子的特点，这类家长大多是在家做全职父母。他们主动承担了照顾孩子学习生活的任务，将孩子视为自己生活的中心，事事周到；同时，因为全职在家，时间比较充裕，有充足的时间关注学校教育。这类家长常常会在接送孩子时，聚集在校门口相互倾诉、互相交流孩子的日常学习和生活。其实，我觉得这些家长其本意也并不是要对老师如何，只是想用另一种方式引起老师的重视。那么作为教师我们不论遇到什么样的家长，都要不急不躁，保持"平和"的心态，用一个"平常心"注重日常积累，多掌握专业知识，冷静对待家长的偏见，主动出击，解决问题。

沟通感悟

由于家长的工作、性格、受教育程度、家庭环境的不同，使得老师与家长的沟通也存在着这样那样的问题。大部分家长都很信服老师，愿意支持配合学校对孩子的教育工作；但是，也有一些家长总是想找老师的问题，将孩子的错误归结到老师的身上。面对这样的家长，我们常常无能为力。我们可以利用每一次和家长沟通的机会，交流经验，在学校细心照顾孩子，帮助孩子进步，用真诚换取家长的信任。

暖心沟通关键词 23 接纳

好词解读

"接纳"有两层含义，一是接受（个人或团体参加组织、参加活动等），一是采纳。这两种释义说明接纳代表着人与人之间在观念上的理解与认同，也代表着人与人之间在行为上的肯定与支持。

在沟通中，接纳具有强大的魔力。它是教师与家长有效沟通的重要前提，包含了教师对家长的理解，能让教师和家长拥有良好的沟通心态，营造良好的沟通氛围。接纳也是教师和家长沟通时能产生情感共鸣的前提，它能产生强大的支持力，让教师和家长彼此信赖，获得认可。

 暖心故事

接纳的魔力

从教十几年，我接触过很多学生，也了解过很多学生及其背后家庭的故事，但总有一类学生，一类家长，时常会触动我的心灵，让我不由地停下脚步耐心地感悟。那些沟通小片段犹如生活给我的礼物，在我的教育生命中时时闪耀。

在任教的过程中，我遇到了这样一个与众不同的孩子：小翔。他是一个瘦瘦高高的男孩，平时很少和同学交流，总是喜欢沉浸在自己的小世界里，思考问题的角度也很独特，爱看书，也爱书，有时书页上一个小小的折痕都会让他抓狂、哭泣。他书写速度慢，有时找他改作业，他会莫名其妙地大叫，

急得满脸通红，激动之下还会用头撞桌子。与同学发生不愉快时，也只是急得大哭，看起来特别手足无措。小翔的自理能力较弱，比如平时收拾书包这样的小事都需要同学帮忙才能完成。有时看着他的桌面上、桌旁的地面上乱糟糟的场景，我很生气，真想狠狠批评他，但又担心他接受不了我的批评，出现大喊大叫的情况，所以我先调整自己的情绪，接纳他的现状，日常管理中也调整了对他的要求。这样的接纳，让我能静下心来仔细地观察小翔，发现他的闪光点，思考怎样去帮助他养成良好的习惯，而又不压制他的个性。

更深入地了解小翔，源自那次特别的家访。那是一个周五，小翔特别神秘地找到我说："王老师，你是要去家访吗？来我家吧！"他竟然邀请我先去他家家访，我有点意外和兴奋，不露声色地说："那我就第一个去你家，你欢迎我吗？怕不怕我去跟你妈妈打小报告？"小翔听了，明显一愣，支支吾吾地说："我妈妈可能唠叨了，我就当听不见，您说就说吧，反正她平时也没少唠叨。"不爱说话的小翔竟然一下子说了这么多，而话题是关于他的妈妈，这究竟是怎样的妈妈呢？

等到下班时，我和英语老师一起去了小翔家。小翔的妈妈在楼门口等待着我们，她看起来有四十来岁，瘦瘦高高的，扎了一个马尾辫，有一点点疲惫。见面之后小翔的妈妈就拉住了我的手，说："王老师，辛苦了，小翔让您费心了。""您别客气，小翔最近表现非常可爱，今天就是他主动邀请我来家访的。"听了我的话，小翔妈妈惊喜地说："是吗？这么主动，真是挺难得的，我家孩子有什么话都不太说，平时在家就是问十句，说一句。"看来孩子无论是在家还是在学校，与人交流的状态是相似的。

走进小翔家的客厅，我有些惊讶，这个家看起来很整洁、干净，尤其是沙发背后的一整排书柜，是那么整齐有序，与小翔的座位风格截然不同。"老师，我家孩子没有啥特别的爱好，就是爱看书，看得快成书呆子了。今天他是不是在学校惹事了？""没有惹事，我就是想来家里看一看，了解一下孩子在家的情况。"听到这句话，小翔妈妈就打开了话匣子，尽管我一直在暗示小翔妈妈有些话要避开孩子再聊，但她还是滔滔不绝地说着小翔这几年的情况。原来，平时孩子爸爸常常出差，教育孩子的事根本指望不上，妈妈全职在家带他。小翔从小还在儿童医院接受过"感统"方面的训练，后来感觉效果不佳就不去了。上了小学后，小翔干什么都慢半拍，所有的事都要别人陪着，有时大人着急，就全权包办。升入高年级后，平时小翔妈妈几乎不让孩子下楼，就是在家学习。在小区里只有一个可以玩的小伙伴。妈妈脾气比较急躁，遇事也会吼孩子，担心小翔玩得野了，所以孩子大部分时间就是在家里看书，或者练习二胡。现在，在家时小翔的情绪也会有很大波动，有时会大吼大叫。说完这些，小翔妈妈还给我列举了小翔在家的其他表现，每一次的表述都会说："您看别人家孩子怎么不这样呢，为啥我家孩子这样呢？""我一门心思教育他，结果什么都不行，以后这孩子该怎么办啊？"说到动情之处，小翔妈妈也有些激动。交谈中我一直插不上话，说实话我有些着急，但我还是悄悄暗示自己要平和地接纳小翔妈妈的情绪。交流中我充分地感受到了孩子的与众不同，感受到家长在养育过程中承受的压力，我连忙握着她的手，缓缓地说："我知道您的不易，尤其咱们当妈的一定特别煎熬，实际上您经历的肯定比您告诉我的要艰难得多，小翔长大了，他现在也会有自己的想法，您如果日常总是焦虑，他的想法更无处表达，您克制不住发脾气，孩子也会学着您的样子发脾气，咱们大人也得调节自己的情绪，也许咱们放松了，孩子情绪也会缓和一些。"听我这样说，小翔妈妈当时一愣，轻声地说："是，我确实是没注意这一点。"听到小翔妈妈这样说，我才开口和她探讨怎样去支持小翔。你看，在沟通中表达出接纳的情绪，能够让家长轻松地从"吐槽"的模式中走出来，开始尝试想办法帮助学生，向前看。

分析指导

　　有一类家长，他们比较情绪化、爱抱怨唠叨、经常把不如意的事情挂在嘴边。遇到人总会不停地跟别人吐槽：把教育孩子的不容易毫无保留地说出来，不分场合，不回避孩子。有时还会脾气暴躁，在教育孩子时对自己的情绪也不加掩饰，甚至会当着孩子的面大发雷霆，面对孩子的问题也是束手无策。

　　面对这样的家长，教师需要去"接纳"。家校良好的沟通合作对孩子的成长是非常重要的。与家长建立良好的沟通，能更真实全面地了解孩子的情况，对教育孩子也有着事半功倍的效果。如果遇到了这类型的家长，沟通往往变成她单方面诉说，诉说她教育孩子时的诸多不顺，诉说她生活工作中的琐碎。面对这类型家长时，教师要真诚地倾听。这种耐心地倾听也是一种接纳，代表着教师接纳家长的情绪。接纳之后教师还要勇敢一点、智慧一点，拨开家长诉说的云雾，适时地说出当下孩子的现状，说出教育过程中需要调整的方法，并能根据孩子的实际情况提出一些建设性意见，以缓解家长教育孩子的压力。

沟通感悟

接纳是美好的开始。接纳的魔力在于它让我学会了理解，理解学生的表现，让我更平和地面对学生的问题，真的冷静下来去思考该怎样引导教育学生。接纳的魔力它给了我无穷的力量，这力量让我在面对家长时成为一位认真的倾听者，能激起我与家长的情感共鸣，拉近与家长心与心的距离，让家长更信任我，更重视我的建议。接纳的魔力还在于它让我拥有了平和的心境，能在沟通中不被家长的不良情绪所感染、所误导，成为一位理智的教育点拨人，获得教育智慧。

暖心沟通关键词 24
剖析

好词解读

"剖析"的意思是辨析、分析,指对一个人或一件事做深入的分析,让别人了解这个人或明白事情的来龙去脉。剖析,需要我们将事件分解成较简单的组成部分进行研究,再找出这些部分的本质属性以及彼此间的关系。

教师与家长的沟通过程,往往也是解决问题的过程。要想沟通顺利进行,我们就必须综合各方面的影响因素思考问题,剖析事件的内涵和本质,让家长明白问题的症结所在,从而找到问题解决的办法,使事情朝着更好的方向发展。

 暖心故事

好孩子背后的好习惯

小玉是我班一个活泼可爱的小女孩,孩子聪明,做事也挺积极。刚开始,她的表现还是比较出色的,会读拼音、认识很多字、简单的口算都能准确地算出。但从期中开始,小玉的成绩越来越不理想,其他方面也没有什么突出的表现。

我开始有些担心了,于是主动联系了小玉妈妈,请她在下午接孩子的时候提前来一会儿,跟她做一个简单的沟通,让妈妈了解小玉在校表现,剖析问题、解决问题。

我对小玉妈妈说:"小玉是个很聪明的小女孩,学东西很快,教的知识她都能掌握,而且她基础好,刚到班里,就让老师们记住了这个优秀的小女

孩。这都是孩子身上令人羡慕的良好条件，是她的优点。当然，不难看出，您也是花了许多精力与时间才能有现在的成绩。"小玉妈妈听了之后骄傲地回答我："老师，您可能不知道，为了让小玉在小学阶段打下坚实的知识基础，我给小玉报了一个幼小衔接的学前班，孩子在暑假就提前学习了一年级的内容。"我继续问小玉妈妈，"您了解小玉在幼小衔接班的学习情况吗？或者说孩子都学了哪些知识，掌握得怎么样？"妈妈回答："小玉每天的学习任务并不重，有读读拼音、写写数字。我每次询问小玉学得怎么样的时候，小玉总是拍着胸口跟我说'妈妈，这也太简单了，我都学会了！'我也感觉挺欣慰的。"我微笑着说："小玉这么聪明，肯定学什么都快，您未雨绸缪，提前为孩子打基础，您也辛苦了。"小玉妈妈听了忙对我说："作为家长为孩子付出都是应该的，也要辛苦老师您多多帮助她、指导她了。"我正了正身子，稍迟疑了一下回复妈妈："小玉确实还有很大的发展空间，还有很多潜能没有被激发出来。目前她也确实存在一些问题影响了她的进步。"我看小玉妈妈的神情也变得严肃了起来，继续说道："小玉聪明且有基础，但是，她马虎和不认真的态度对她的影响也越来越大。上课时，她时常以为自己都懂都会就不听了，往往错过了老师强调补充的重点知识；课下经常丢三落四，今天忘带水壶，明天忘带本子。"我看出小玉妈妈的表情里有震惊也有怀疑，"这孩子，现在怎么这样了，之前不挺积极也挺爱学习的嘛。"我思考了一会儿说道："这样吧，小玉妈妈，从今天开始，您可以在小玉写作业或者读书的时候观察一下孩子的注意力集中的程度和学习状态，看看她都是什么表现。之后咱再根据您的观察情况和您的想法进一步沟通。"和小玉妈妈的第一次面谈就在小玉妈妈的疑惑和我的欲言又止当中暂时结束。

过了一个星期，小玉妈妈主动约了我在校门口见面，想继续聊一聊小玉的问题。我想小玉妈妈肯定是有许多话想告诉我，便早早到学校门口等待小玉妈妈的到来。

小玉妈妈说："其实学前班的老师告诉过我，小玉有些马虎，上课总是听一半，写字的时候也不太认真。当然，该学会的她也学会了，但长时间这样下去，对她肯定会有不利的影响。听了老师的话之后，我偶尔也会用一些问题考考小玉，小玉基本上也都能答对。我觉得，孩子还小，有些马虎和不认真都是正常的。况且在马虎的情况下，孩子该学的知识都学会了，说明孩子很聪明，学习没问题。至于习惯上的缺点，可以慢慢改正，等她大一点了，说不定自己就改过来了。您跟我说完小玉的情况之后，我回去也开始留意小玉在家学习的状态。虽然小玉总是保证自己能好好完成作业，实际上却总是一边玩一边做。我真后悔当初自己为什么没有早点注意到小玉的学习态度和行为习惯等方面的问题。"

看着小玉妈妈着急的神情，我试着用我的专业经验帮小玉妈妈剖析孩子的现状和问题："小玉妈妈，小玉的一些马虎、不认真的行为慢慢形成了习惯，今后不管是在学习还是生活上，确实可能都会对她造成一些不利影响。您看，小玉刚上小学的时候，多么自信闪耀啊。但是由于知识难度的逐渐加深，她又学得不扎实，孩子不会的越来越多，慢慢就影响了她的自信心，从而产生自我怀疑。这种对自己能否成功完成某件事的推测与判断在心理学上叫做'自我效能感'，如果严重的话，会产生一种'习得性无助'，这是一种自我怀疑的心理状态，并且这种状态会从学习延伸到她生活中各个方面。"

了解到我剖析之后的问题关键所在，小玉妈妈终于明白了好习惯的重要性，决定花时间陪着孩子改掉这样的坏习惯，让小玉成为一个拥有良好习惯的好孩子。

分析指导

在孩子的教育过程中，有时家长会出现两种表现：第一种表现是不认可回避。这部分家长平常对于孩子的关注，更多集中在学习成绩方面，其他方面则缺少重视。因此，当老师说的问题看似与孩子学习成绩无关时，家长便会采取回避和应付的态度，口头答应，但不采取措施、不做出改变。第二种表现是无能为力。这部分家长大都想管孩子，却因为缺乏经验、缺少时间、自身文化程度限制等情况，找不到有效的解决办法，只能"光说不练"。

针对"不认可回避"表现的家长，平时沟通应避免家长对老师产生反感，尽量从孩子的优点入手，对孩子的优点和长处给予足够的肯定，再提出美中不足的缺点、遗憾，用实例剖析孩子"问题"背后的潜在危机。剖析完成后，还要给家长和孩子提出新的目标与希望，帮助孩子提高、成长。对于"无能为力"的家长，老师要帮助家长树立信心，找到问题、剖析问题，并针对孩子的性格特点和实际问题，提供科学有效且具有可操作性的建议与方法。

沟通感悟

不管是知道孩子的问题后不认可、回避的家长，还是面对孩子的问题无能为力的家长，他们对孩子教育上的"光说不练"都有其内在原因。所以，需要有人为他们具体情况具体分析，帮助家长找到问题症结所在。为家长剖析孩子的日常行为，以及这些行为所带来的影响；剖析孩子的性格特点，找到对孩子有意义的发展方向；剖析家长在家庭中的作用以及如何发挥其作用；剖析在家庭中切实可行的家庭教育方法。一切都是为了孩子，为了孩子的一切。

暖心沟通关键词 25
共育

好词解读

"共育"顾名思义，即共同教育。家校共育，指家庭和学校团结协作共同培育孩子。在家庭中，家长承担教育子女成长的义务；在学校里，教师要行使教书育人的职责。同时，这两者之间需要有机融合，互相补充和促进，实现共同培养孩子的目标。

家校共育是培养教育孩子过程中的必要环节，有效的家校共育是教育成功的前提和保障。在与家长沟通的过程中，实现家校共育是我们出发点，也是落脚点。当教师在教育孩子的过程中遇到问题时，要沉着冷静地分析问题产生的原因。与家长进行有效的沟通，家校共同努力，帮助孩子解决问题，从而促进孩子的全面发展。

 **暖心故事**

暖心相伴　因爱成长

时间如白驹过隙，转眼间曾经懵懂青涩的我已经走上工作岗位近十年。一路走来，每天的工作看似相同又截然不同，面对不同的学生，演绎平凡的故事，许多事情伴随着时间的流逝逐渐被淡忘，有些事情却像树根一样扎根于心灵深处。

那是一年暑假过后的开学季，我迎来了新一批学生。作为班主任，我一边忙着处理开学初的各项班务工作，一边开始了解今后将与我朝夕相处的孩子们。

　　很快，一个课上课下都闲不住的小淘气成功吸引了我的注意，他叫小涵。这个孩子看上去虎头虎脑、精力充沛，课上总是坐不住，几乎时刻需要老师提醒，课下教室里最喧闹的地方总少不了他。几天下来，他也是与同学闹矛盾频率最高的一个，也是最令科任老师们心累的一个孩子。再看他的作业，可想而知，经常完不成，即便完成了也是马马虎虎、不尽人意。这样的情形，实在让我焦虑。

　　于是，开学不久我决定与小涵的父母聊一聊。我拨通了小涵妈妈的电话，小涵的妈妈知道孩子在学校的表现很是着急，但抽不出时间来学校。原来小涵的爸爸妈妈都是做生意的，孩子平时都是由爷爷奶奶照顾，只有不忙的时候才有时间管孩子。小涵妈妈对我说："老师，我最近实在太忙，去不了学校，要不爷爷接孩子放学的时候，您跟爷爷说一说吧。"

　　就这样，第一次的家校沟通，让我了解了小涵家里的基本情况。也让我想起每次放学时，那个远远就喊小涵的爷爷主要承担着照顾孩子的任务。于是，我约小涵的爷爷来到学校。我亲切地询问："小涵爷爷，平时都是您和小涵奶奶在照顾孩子吗？"，小涵爷爷说："对，老师。小涵的爸爸妈妈非常忙，有时候十天半个月也不回来一次。"我接着说："那您也太辛苦了，小涵平时在家还听话吗？"小涵爷爷真诚地说："孩子有时候很淘气，但还算听话，是我和奶奶的开心果。"随后，我又说道："开学这段时间，孩子的纪律不太好，课上课下经常与小朋友产生矛盾。"小涵爷爷不太在意地说："小孩打打闹闹，一会儿就好了。"当我拿起小涵不尽人意的作业本想告诉他和我一起督促孩子学习时，小涵的爷爷却说："原来小涵都会做这么多题啦，真棒！"这让我一时竟有些哭笑不得，在我对孩子的学习非常焦虑的时候，小涵爷爷已经很满足了，他满眼都是对孩子的爱，不，是溺爱。

　　这一次的沟通后，小涵的表现几乎是没有任何改变的：小涵爸爸妈妈依旧没有抽出时间照顾孩子，爷爷奶奶依旧过度溺爱孩子，小涵依旧让我每天不停地给他解决各种问题。我也陷入了沉思，想着怎样不能让小涵像其他孩子一样爱上学习。我决定从几个方面开展工作，一方面我每天都会抽出时间来关心孩子，关注他的点滴进步，教导他如何与同学相处，手把手地教他规范地写作业；另一方面，我经常与小涵妈妈电话联系，将小涵的进步告诉他,再将小涵在学校运动会上比赛的精彩表现拍视频发给她,小涵妈妈表示非常高兴。在沟通中,我能理解小涵父母的不容易,告诉他们即使工作再忙,也要抽出时间来关注孩子的成长。

经过一段时间的努力,我又一次约了小涵的爷爷。我对小涵爷爷说:"这次请您来,主要是跟您说一说,孩子自开学这段时间,上课听讲更认真了,同时纪律也好了很多,交了很多好朋友。"小涵爷爷听了非常高兴:"老师,孩子最近回家变化也很大,有时候还主动帮奶奶扫地、擦桌子。"我紧跟说:"孩子每天都在成长,如果悉心培养一定会非常出色。"小涵爷爷激动地说:"谢谢老师,那我们平时应该怎样教育孩子呢?"我耐心地为小涵爷爷提供了一些建议,小涵爷爷很认真地一一记录下来。毕竟每一个老人对孩子的爱都放第一位,理解了老师为孩子好的初心,对学校的工作也就多了一份支持和配合。

就这样,静待花开的同时,我没有放弃努力,即使工作再忙,我也没有放松过对小涵的关注。渐渐地,我发现孩子身上许多不良的习惯都在慢慢消失,小涵认真学习起来非常可爱,甚至大大咧咧的他会为了得不到小红花哭鼻子;小涵的爷爷奶奶也开始主动询问我对孩子在家教导的建议;小涵的父母也会主动要求参加学校的活动,这时我也会开玩笑地问一句:"最近生意不忙啦?"小涵的爸妈会不好意思地笑一笑,我能读懂他们内心的一份安然。

分析指导

当今社会,由于很多父母没有充足的时间和精力带养孩子,往往由祖辈家长来带孩子,让孩子的父母专心干事业。祖辈家长在教育孩子方面都有自己的观念和思想,也有一些培养孩子的习惯和方法。他们带孩子有优势也有不足,他们的生活经验丰富,照顾孩子无微不至,但也会造成孩子有较强的依赖性。有的家庭每周工作日老人带,休息日父母带,要求不统一,难免有分歧。不利于孩子形成明确的规则意识和稳定的行为习惯。

在与这样的家长沟通的过程中,教师要对家长进行全面的了解,包括他们在孩子的学习和生活的培养,以及教育观点和教育理念,并对这些观念予以分析。在沟通的过程中,要让家长感受到我们对孩子的认可和赏识，同时感受到我们对家长已有观念的理解。这时再进一步针对孩子在学校的情况，与家长进行交流，让家长感受到学校和老师对孩子的关心和期望，接受我们的建议，通过有效的家校共育促进孩子的进步和成长。

沟通感悟

家校共育，家庭和学校协同合作，两者优势互补，形成合力，才能共同助力孩子的健康成长。在我们的教育生涯中，也许会遇到许多让我们费心的孩子，而正是这些孩子，尤其需要我们用心关怀。与家长的沟通中，教师可将家校共育作为出发点和落脚点。全面地了解学生和家长，有了家庭和学校的互相协作，家校合作育人才会发挥更大的作用。在教书育人的道路上，我愿用热心、爱心、耐心，无声地滋润着教育的沃土，用心血和汗水奏响孩子健康活泼，愉快成长的乐章。

暖心沟通关键词 26
理解

"理解"就是一个问题在不同角度下的解释，沟通就是一个人去理解另一个人。很多人懒得沟通，甚至产生了逆反心理，以至于我行我素、无所顾忌。得不到他人的理解，无论想法多么正确，也很难走下去。人与人之间在交往的过程中，要想得到真诚的友谊、相互的尊重、彼此的信任，那就要深入地沟通，增加彼此的了解，熟悉彼此的性格和习惯，在交往过程中才不会因为一些小的分歧而影响相互之间的关系。

 **暖心故事**

爱你"治"于"唠叨"

有这样一位家长，我去进行家访时，发现孩子一直在房间学习，非常用功。当时我觉得真是个好孩子，但是一转头却看到一张大人都很难做到的计划表。计划表里，记录着孩子从早上 7∶30 起床到晚上 21∶30 睡觉前需要做的所有事情，满满当当，几乎没有休息的时间。看着这张表格，我很纳闷，这么小的孩子能做到吗？这时，孩子突然探出头来，却被家长说："看什么看，跟你有什么关系，任务完成了吗？马上就到时间了，完不成就别吃饭了。"孩子听了以后赶紧把头缩回去，再也不敢发出一点声音。

这位家长说，他家孩子写作业特磨叽，一时不催就慢得慌。所以，他每天都会盯着孩子写作业、学习，一开小差就催促、唠叨，现在无论是孩子还是家长都已经习惯了！看着这位家长洋洋自得的样子，我开始向家长介绍我在学校掌握的一些情况。"您说孩子拖沓的问题还真是个问题，在学校我也发现了，但是咱们孩子特别好，能够听进去大人的话，愿意改正，所以他在家一定也能改正自己的小毛病，对吧。"家长听到我对孩子的表扬特别高兴，说："我们孩子就是拖沓点，总让我唠叨，但是很懂事。孩子有时候也会和我对着干，我让他往左，他偏不做，我说赶紧写，他偏不写，但有时候又能干得特别快，我也挺困惑的，他要是不用我天天唠唠叨叨的，那就行了。"

接着，他又给我说了很多孩子从小到大的事情，甚至说到了与爷爷奶奶的关系，说到这儿，家长叹了一口气。我说："喝口水吧，您说了这么多，我突然知道为什么孩子有时候总和您对着干了。"他满脸疑惑地看着我："难道是因为我说得太多了吗？"我说："是啊。在学校的时候，老师和同学都只对他说一遍。他就能够按照要求去做，跟小朋友也能很好地玩耍，完成规定的学习任务。可是在家这是他认为最放松的地方，在这个本应最放松的地方却充满了条条框框。其实，您想想孩子在家也有能够迅速完成您布置的任务的时候，他真的是在您再三催促之下完成的吗？还不是因为孩子自己不想完成？其实不管是孩子还是家长，都有自己的生活规律，做事情时也有自己的节奏，只不过孩子年龄太小，心智还不成熟，他们的节奏比较慢。面对这种情况，很多妈妈把原因归结在孩子身上，认为孩子不用心、太磨叽，于是便开始不停地催促、唠叨，本意是让孩子加快速度，却打乱了孩子的节奏，让他们更慌乱烦躁，做事情反而越来越慢。孩子越慢，家长就越心急，又会不停地催促、唠叨。结果就进入了恶性循环，家长焦虑，孩子迷茫。咱们老师、家长唠叨无非是为了防止孩子犯错，可是他们如果没有承担过犯错的后果，那么又怎么能长记性呢？所以我们不妨让孩子做错一次，尝试让他们自己承担后果。这样做可能会比不断的唠叨更有教育成效，当然大家要注意分寸和场合，我们的目的是教育孩子，而不是伤害孩子。每一个孩子都是一个具有独立思考的人，不论遇到什么事情，都应该和孩子共同商讨结果，而不是自己帮孩子做决定。只有真正做到尊重孩子，他们才愿意说出自己内心的真实想法，才能达成有效的沟通。您的语言表达能力很强，可是咱们孩子为什么会很内向呢？因为沟通没有建立起来。孩子永远在内化您说的话，而不是在进行平等的沟通。所谓沟通是你说和我说，如果只有您说没有孩子说，那只是单向的输出。我很能理解您的做法，咱们都只是希望孩子能更优秀一些，只是一味地催促和唠叨，不仅不会让孩子更优秀，还会给孩子带来很大的伤害……"

家长看看我，想要继续为自己辩解，我说："请您先听我把话说完。就像今天我来家访是您说和我说。开头您说了那么多，所以现在轮到我来说，这就是沟通。如果只有我听您说，而没有我跟您说，这只能称为倾听。这个道理在家长与孩子相处上依旧适用。可能您会觉得老师没有礼貌，没有听您把话说完。但是想必您也感觉到这个老师真能说，同样，您的感受就是孩子听您唠叨时的感受。我们想唠叨的时候先克制一下，去体会自己的感受是什么，以及这些感受的根源在哪里，不要把负面情绪转移到孩子身上。"家长听后表示老师的话很中肯也很适用，在以前的教育过程中，只是看到了孩子存在的问题，并没有反思自身的教育方法，这次和老师沟通后感觉豁然开朗。在之后的沟通中我们变得更加顺畅了。

分析指导

有这样一类父母，他们通常在语言上比较犀利刻薄，也就是人们常说的"刀子嘴豆腐心"。由于父母过于唠叨，且习惯于贬低孩子，这会引起孩子的厌烦和逆反心理，与父母产生对抗情绪，并且最终严重制约孩子的成长。在与这类家长沟通过程中，他们讲话主题重点不清晰，总是想到哪儿说到哪儿。因此，我认为教师在与这类型家长沟通时，应掌握主动权，把握交流的节奏，让家长也体会一下与这样一位"唠唠叨叨"的老师谈话是怎样的一种感受。

沟通感悟

父母总是为孩子着想，想让孩子变得更好。但是过多的唠叨不仅起不到效果，还会影响亲子关系，给孩子带来不利影响。本质上看，爱唠叨的家长内心深处是缺乏安全感的，他们总是担心自己没有交代清楚，害怕孩子出错。如果他们对细节要求比较高，控制欲也比较强，这种倾向会更加明显。

他们通过唠叨的方式让自己的焦虑得到缓解和转移，他们的负面情绪也通过这种方式得到释放，只是会影响到被唠叨的人。因此在教育孩子这件事上，父母要管住自己的嘴，不要因为不恰当的教育方式让事情变得适得其反。老师更要在与家长沟通过程中，引导家长发现自己在教育上的问题，加以指导修正。在这次与家长的交流中，我通过让家长感同身受的方法，站在听话者的角度感受孩子的感受，效果比较明显。

暖心沟通关键词 27
转化

好词解读

"转化"一词的意思是转弯、改变,是指在一定的条件下,向着同自己相反的方转变,向着对立方面所处的地位转变。

不管是在日常的工作还是生活中,我们都需要与人进行沟通。在沟通中,我们不可能总是一帆风顺,遇到的人全都是积极阳光健康向上的,难免会遇到行为、心理方面偏离常态的,这样的人在自身认知上存在偏颇,需要我们在潜移默化中帮助其完成由不良状态到良性状态的转化,从而帮助他们走出困境,拥有健康积极的人生态度。

 暖心故事

孩子听话了

"妈妈,你今天做的饭真难吃,我不吃了!"

"宝贝对不起,是妈妈不好,你想吃什么妈妈去给你重新做好不好?"

"我要吃汉堡和薯条!"

"可是现在外面正下大雨呢,等雨停了我们再出去好吗?"

"不行,我就是要现在吃,就是现在、立刻、马上要吃!"

"好吧,那你在家等着,妈妈这就出去给你买!"

这是发生在小明和他妈妈之间的对话。从孩子出生到踏入小学的校门,不只是吃饭这一件事,对于小明的每一个要求,他的妈妈都尽自己最大的努力去满足,忽略自己的感受,以换来家庭环境的"和谐"。这种"和谐"的家

庭环境一直未曾打破，直到在小明上一年级的时候，发生了这样一件事。

这天一回到家，小明就气冲冲地把书包扔在地上，对妈妈说："妈妈，你快给我买一些小贴纸，我现在就要小贴纸！"妈妈听到后，立刻带着小明去商店里挑选。站在琳琅满目的贴纸面前，妈妈看着在认真挑选贴纸的小明，松了一口气，想着孩子这下应该能够安静下来了。可是小明突然躺在地上打起滚来，嘴里喊着："没有！根本没有！不是我要的！"妈妈安抚好小明之后才了解到，原来他要找的是在学校里老师奖励给同学们的那款贴纸，小明不甘心自己得到的贴纸比同学少，来到商店挑选之后发现没有和老师的贴纸一样的，这才有了刚才的一幕。

当天晚上，小明的妈妈就给我打来了电话，诉说了一下孩子今天的情况，说着就哽咽了起来："孩子小的时候挺乖的，只是有一些小任性。可是现在我感觉自己真的很无力，已经退让、牺牲了这么多，他怎么就这么不懂事、这么不会体谅我呢！"小明妈妈讲述了几年来和小明之间"过于迁就、讨好"的沟通模式，小明妈妈表示对于亲子关系已经习惯性地"逃避"和"让步"，逃避孩子和环境带给自己的压力，否定自己，以成全孩子。

在和小明妈妈沟通的过程中，我首先对她表示了理解与共情，"我感受到了您对于这个家庭的付出，也特别理解您，知道您是非常想让孩子好，想让这个家好"，进而我引导小明的妈妈转化为去关注自己，"您一定想让孩子爱自己，尊重自己的感受，在乎自己的情绪，并且学会表达自己的情绪，那么我们要先学会这样对待自己，为孩子树立一个好的榜样"。"这太难了，我顾不上自己，我只想他好。"小明的妈妈打断我说道。"不着急，我们慢慢来，先试着用平和的方式向孩子表达您的想法，并说明原因，刚开始可能会有些难度，但这是我们培养良好亲子关系必须迈出的一步"，听完我的讲述，小明的妈妈开始在生活中试着练习。

过了一段时间，我给小明妈妈打过电话去，询问近期的亲子状态。"孩子变得能听进去我的话了，就是我，还是有些习惯性地像以前一样去迎合他，看来我也该做些改变啦！"小明妈妈的语气听上去已经比我们刚开始沟通时轻松了许多。这时的她，有着非常积极的愿望去继续做出转化与改变。因此，我引导她将习惯性地"迁就"转化成"包容"，将习惯性地"讨好"转化成"鼓励"，努力将之前的不良沟通模式转化成"亲密的、自由的、平等的沟通"。

在我和小明妈妈的共同努力下，她逐渐找到了和孩子沟通的方法和技巧，给孩子营造的成长环境也变得快乐、轻松、和谐起来。

分析指导

有一类家长在面对孩子时会有懦弱、无招、以退让求安宁的特点。他们大多个人主见意识不强，对孩子的教育缺乏适切的教育方法。他们由于过度在意亲子关系的维护，对待孩子的愿望和想法，不论是否合理，都想尽可能地满足。当自己无法满足孩子的要求时，他们往往会表现出无可奈何的态度，因此他们常具有忍让讨好型的人格。面对孩子的教育问题，这类家长常常感到无计可施，他们多以祈求孩子听话、诉说自己的无奈为主要教育方式，一旦方法不能奏效，他们只能听之任之。

针对这种类型的家长，需要教师帮助其完成心理上的"转化"。教师应引导家长从对孩子过分关注转化为关注自己、爱自己，老师要引导家长学着转化自己的情绪。教师采取"转化"的方法与家长沟通，可以为其拨开眼前的迷雾，让家长了解到如何与孩子之间构建良好的亲子关系，从而借助正确与孩子沟通的方式方法去改善不良的亲子关系。让家长逐渐放弃"迁就"与"讨好"，转化为给予孩子真正的爱和关心，陪伴孩子成长，教育孩子成人，让家长和孩子都能在家庭中体会到真正的快乐和幸福。

沟通感悟

"对不起孩子""都是妈妈不好""你喜欢怎样我们就怎样"……这些是在一些家庭中常常会出现的话语。事实上，父母的妥协与讨好往往不会让孩子适可而止，反而会让孩子变得软弱且任性，形成一种"窝里横"的性格。教师在和这种类型的家长沟通时，一定要引导其意识到家长作为亲子关系中的主导者，决定着亲子关系发展的方向，一味的"无奈"解决不了问题，试着关注自己，主动转化对待孩子的情绪，才能真正形成良好的亲子关系。

暖心沟通关键词 28
尊重

好词解读

"尊重"一词的基本意思是尊崇、敬重,古语是指将对方视为比自己地位高而必须重视的心态及其言行,现在已逐渐引申为平等相待的心态及其言行。

每个人都渴望得到他人的尊重。沟通时体现出对对方尊重,是高情商的重要表现,也是开启顺畅沟通的基石。同时,尊重也是建立彼此信任的重要基础,是人与人之间的相处之道,更是一种平等、和善、友爱的态度。

 **暖心故事**

一次练习的解释

曾经,在我的班级有这样一个学生小菲,她的语文成绩在三年级刚开始的时候也就三十分左右的水平,平时根本不学习语文。但是她的数学还不错。后来经过多次与其谈心、交流这个孩子开始努力地学习语文。到了三年级下学期的一次随堂练习中语文取得历史性突破,这对她来说是很不容易的。我也非常为她高兴,我告诉她让她回家的时候把这个喜讯告诉她的妈妈。

假期返校后,我发现她的情绪有些不正常,经常觉得自己不如别人,一旦别人被表扬,她就会嫉妒、生气甚至发怒。于是我把她叫来办公室询问是怎么回事。原来她把这个消息告诉她妈妈的时候,并没有得到预期的表扬,而是妈妈的怀疑。她妈妈怎么也不相信这个结果是她自己努力得来的,反而一直质疑是她作弊。为此她还和妈妈吵了一架。孩子的话，让我感到有必要和小菲妈妈沟通一下。于是在安慰孩子后，便和她的妈妈通了电话，邀请她抽时间来校交流。她的妈妈十分配合，痛快地答应了。

见到小菲妈妈后，我第一时间表扬了孩子："小菲很听老师的话，在这次随堂中语文取得了突破性进步。"这时我注意到小菲妈妈并没有什么喜悦的表情，我便问道："您了解孩子最近的学习情况吗？"小菲妈妈叹了口气，说："我家孩子学习不好，离我给她定的目标还差的远哩！我要求她三科成绩都要非常优秀！"我说："我非常赞同您对孩子有自己的期望，但是您考虑过孩子在学习上有什么困难或者问题吗？"小菲妈妈打开了话匣子，说自己如何严格地教育孩子，给孩子报各种补习班和兴趣班，都是为了孩子好。我静静地听着，当小菲妈妈说完之后，我对她说："您听一听我的想法怎么样？""您只看成绩，没看到孩子的进步和努力，我猜得对吧？"我说。小菲妈妈不太愿意表态，但还是点了点头。我接着说："我分析过小菲的学习情况，她有些偏科，擅长数学，在语文这方面基础稍微有些薄弱，不过通过这次随堂练中可以明显地看到孩子在努力，靠自己的实力取得了突破性的进步，咱们应该相信她。这都是她一点一滴的进步，我都看在眼里。我能理解您对她的要求和希望，您是孩子妈妈，我是孩子老师，咱们都是为了孩子好，都想让她取得更大进步。可是孩子的进步不可能一步登天，所以我们对孩子的期望也要循序渐进，把一个大目标分解成无数个小目标，要符合孩子的实际水平，不要急于求成，走一步，再走一步，也就是说，我们能不能换个角度来教育孩子呢？"小菲妈妈这时面容舒展了。我继续说："其实有时候我们多关注过程远比结果重要得多，作为家长一定要对孩子的进步给予肯定和表扬，这样孩子学习才能更积极主动。我们试一试怎么样？"小菲妈妈痛快地点了点头并说道，"还是老师了解小菲更多一些，非常感谢您对孩子的辛苦付出，我心有余而不懂方法，以后还拜托老师多给我指导。"我握着小菲妈妈的手说："谢谢您的认可，是您的理解和积极配合让我更加坚信并肩前行、坦诚相待。我们家校教育合力才能让孩子茁壮成长！"

后来，我再观察小菲发现她变了，学习上越来越刻苦努力，成绩比之前有了质的飞跃。过了一段时间，我给小菲妈妈打电话，把好消息告诉她，她也说到她的孩子变了，已经成为她的骄傲了。

分析指导

很多家长对孩子充满期待，普遍具有"望子成龙""望女成凤"的心理特点，希望把孩子培养成杰出人才。但有时家长的做法与孩子的年龄特点和自身特点脱节，只顾盲目地按照自己的理想来要求孩子，总是觉得孩子做得还远远不够，在无形之中容易产生对孩子过高的期望。

在与这类家长进行沟通时，以尊重为先，毕竟望子成龙是每个家长的心愿，有期望固然是好的，在这点上我们已经和家长达成了共识。但如何使孩子健康快乐成长并不是容易的事，我们要让家长感受到老师对他们孩子的关爱，这样才能取得家长的信任、理解和配合，共同教育孩子。用心倾听，给予回应，经常与他们保持联系，以我们的真诚赢得家长的合作。

沟通感悟

老师要充分理解家长"望子成龙""望女成凤"的心情，尊重为先，虚心倾听家长的想法和意见，在交谈过程中也要充分考虑家长的心理承受能力，注意说话的态度和语言的技巧，在平时多积极主动地与他们进行沟通交流，让他们感受到老师对孩子的关爱，以我们的真诚打动家长，得到他们的信任和配合。

暖心沟通关键词 29
温和

好词解读

"温和"是指不严厉、不粗暴。温和主要是通过人的言论、表情和行为反应出来的一种情感态度。"心气宽柔者,其声温和。"温和的人通常被认为性格善良容易接近。同时,温和的语气和态度也具备使人身心感到的舒适的作用。

在沟通中,温和的态度会让家长觉得身心舒畅,更具有感染力。家长也会觉得温和的教师更加平易近人,从而信任老师,主动说出孩子的问题。老师要与家长温和沟通,能让家长信服、帮助家长更好地解决问题,达到有效的沟通。

暖心故事

"祖传"的爱

小刚是一名二年级的小学生,长得白白胖胖,十分讨人喜欢。但是小刚在学校的表现,却让老师们头疼不已。

小刚十分任性,不怕老师,他会偷偷记下老师的手机密码,趁老师不注意时,随意拿起老师的手机进行翻看,面对老师们的批评,他也毫不在乎。小刚在上课十分随意,不听课、不完成练习、回家也不完成作业。他还会偷偷打开家里的电子产品,观看视频,由于没有家人的监督,他经常会看一些与他年龄不相符的视频或图片。久而久之,小刚的身上,沾染了许多不良习气,虽然才上二年级,但小刚却学会了"出口成脏",还经常用电子手表给同学发送一些带有脏话的图片,事实上小刚并不明白这些话的含义。由于小刚的这些行为，许多小朋友都不喜欢和他玩，他的朋友少得可怜，这样的小刚在学校的每一天，都显得很不开心，他只能用更加怪异的行为吸引同学和老师的注意。

我多次和小刚的妈妈反映小刚的情况，但是所有的反映都没有反馈，反而引来了妈妈对小刚的"控诉"和无奈。有一次，小刚犯了很严重的错误，我和孩子妈妈说："您回家一定要让孩子知道今天的事是错误的，不能再这样高高举起，轻轻放下。"小刚妈妈连连点头，保证一定会让孩子知道这件事的严重性，回家做好教育工作。到了第二天，我试探性地问他，爸爸妈妈昨晚和你说什么了吗？小刚摇摇头回答："没有呀，昨天我们还去吃炸鸡了。"

这样的无效沟通让我决定对小刚进行一次家访，深入了解小刚的家庭情况。这次家访让我感受到"任性"不是空穴来风，"溺爱"居然有"遗传"。

进入小刚家后，我还没有将小刚的情况描述完，他爸爸直接理直气壮地说："老师，没办法，我们家祖传地爱孩子。"妈妈立刻支走爸爸，并和我说："他爸爸小的时候就是衣来伸手、饭来张口。爷爷奶奶对小刚爸爸的任何要求都会得到充分的满足，对小刚爸爸的任何不良行为也不会批评和干涉。"通过妈妈的叙述，我知道了在这样的家庭环境下长大的爸爸，对孩子也复制了爷爷奶奶的方法，允许孩子饮食起居、玩耍学习没有任何规律，想怎样就怎样，睡懒觉、不吃饭，白天游游荡荡，随意玩父母手机，没有时间限制；晚上看电视到深夜等，带着孩子一起在手机上"开黑"，甚至当小刚完不成作业时，爸爸还帮忙打掩护。

"那您呢？"我反问妈妈。妈妈一脸愁容地说："孩子每天放学回来都很累，晚上看着他的样子，我心疼都来不及，怎么还忍心让孩子劳动、运动、完成作业呢？"妈妈还说："他做事情太慢我性子急，还不如我帮他做了。"所以小刚在三四岁的孩子还要爸妈喂饭，五六岁时不做任何家务事，到二年级也不会穿鞋带。知道小刚在学校的表现后，妈妈虽然着急，但是总是认为等孩子长大了就会自己变好。

在了解到小刚的家庭情况后，我决定转变思路转变态度，不再和以往一样直接指出爸爸妈妈的问题，而是温和地与他爸爸妈妈进行沟通，我说："爱孩子没有错，大多数家庭都是独生子女，宠溺孩子的现象就更不用说了，做家长的，爱子心切的心情我完全可以理解，自己的孩子谁都不忍心打骂。"看他们有所动容，我趁热打铁，帮他们区分了什么是爱，什么是溺爱，哪里做的是过分溺爱的举动，我说："比如孩子想玩手机，给他规定一个玩手机的时间，是爱，毫无节制地让孩子玩，是溺爱；心疼孩子上学很辛苦，是爱，放纵孩子不完成作业或是帮忙打掩护，就是溺爱；当孩子与同学发生冲突时，保护孩子是爱，维护孩子，不分青红皂白说是其他同学的错就是溺爱……这些溺爱的行为，会让孩子没有是非观念，无法正确看待问题，出现上述问题，甚至孩子未来可能无法独立生存。"

在我有条不紊地分析下，小刚的爸爸也忍不住凑过来加入了讨论，他的爸爸似乎逐渐意识到自己溺爱的错误，并且表示今后会多关注孩子情况，不再对孩子过分骄纵，树立规矩，严慈相济，摒弃"溺爱"这一不良家族传统。得到小刚爸爸的保证，我也表示会随时关注孩子的变化，坚持与家长保持联系，希望形成家校合力，让孩子更好地成长。

现在，小刚的妈妈每天都会抽时间陪孩子完成作业、带孩子做运动、教孩子基本的生存技能。此外，我和妈妈还共同给孩子做了愿望清单，如果小刚能够调整作息，不再任性，妈妈才会实现孩子的一个小愿望。渐渐地，小刚每天都会完成作业，上课越来越认真，不再满口脏话，交到了许多好朋友，成绩也有了一定的提升。

分析指导

好多家长万事以孩子为中心，他们通常自认为孩子情况良好，或明知孩子有问题却舍不得批评。在老师指出孩子的问题时，在老师面前会主动揽责，甚至给孩子找借口开脱，他们常常会用"孩子小、不懂事、长大就好了、是我让他这么做的"等作为借口，有时甚至会倒打一耙，将责任推到老师和学校身上。生活中，他们会满足孩子的任何需求和愿望，对于孩子的问题，他们期待孩子长大以后就会自己变好，因此，他们不愿批评孩子，不愿采用传统的严厉的教养方式，完全任由孩子随意发展。由于他们对孩子的纵容，导致孩子开始认为发脾气或者无理取闹都是满足自己的好方法。

面对这样的家长，教师在交谈时，如果直击要害，往往家长听不进去，因此，教师可以先以赞许的目光看待孩子，对孩子的优点予以真挚的赞赏和表扬,然后温和地指出学生的不足。同时,教师可以转变立场,和家长站在一起,肯定其爱子女的正确性。同时,告知家长,爱孩子没有错,但是孩子是需要管教的,对孩子一味的无底线的爱,并不是对孩子好,反而会对孩子的未来造成很大影响。根据家长和孩子的实际情况,教师可以给出一些较为具体的管理意见,建议采用比较温和的、家长能接受、孩子能适应的方式,慢慢转变家长的教育理念。

沟通感悟

人在大多数时候是感性的,只要涉及自己的孩子,家长都会不自觉地去宠溺。作为教师,遇到这类家长,我们一定不要试图去改变他们,要用另一种方式,帮助家长找到自己理性的一面,为了孩子的将来健康成长,作为父母在必要的时候需要狠下心来,宠爱孩子是应该,但不要一味地、毫无原则的宠溺,只会对孩子的将来有害处。当用温和的态度向家长陈明害处,大部分家长都会选择主动配合。只要找对关爱孩子的正确方式方法,我们就可以让孩子在爱中更好地成长。

第四篇

教师与家长情理沟通

　　有人曾说："假如你握紧两只拳头来找我，我想我可以告诉你，我会把拳头握得更紧；但假如你来找我沟通，化解彼此的怨气，找出我们共同的语言。我们会觉得彼此的意见相距不是十分遥远。"教师和家长沟通要讲究谈话的策略性和艺术性，把谈话建立在客观、全面的基础上，以理服人。说服才能敞开心扉、祛除病根、心悦诚服。摆事实、讲道理，应该说是一个最佳沟通办法。

暖心沟通关键词 **30**
公正

"公正"意为公平正直，没有偏私。在生活中被公正地对待，是每个人从内心当中所渴望、希望得到的宝贵精神。

作为一线班主任，在处理班务，解决班级学生的事务时，一定要坚持原则、实事求是，公平公正地对待每个孩子。在跟家长沟通时，要让家长体会到班主任的做事原则，即公平公正地对待每个学生，打消家长害怕孩子受到不公正对待的顾虑，这样才能获得家长的认可和信任。

暖心故事

种下公正的"种子"

初次与航航相识是在五年级接班的时候，班主任再三叮嘱我要注意一下这个让老师们头疼的孩子，入学以来他的问题层出不穷。我心里咯噔一下，五年了，孩子没有进步，反而"变本加厉"，想到这我也愁云布满心头。

同学们对航航的表现习以为常了，航航像一个受伤的小刺猬，时刻把刺对准他认为伤害他的同学。渐渐地，我发现他变得越来越敏感自卑，每天在班里"找事"，因此受到了其他同学的排挤。

那天，我第一次拨通了航航妈妈的电话。"老师，您要跟我告状吗？"听到这冷冷的开场白，我感受到了家长对老师的排斥，先入为主的不满情绪。

"您不要误会，我想跟您聊聊孩子的学习，语文课上，航航非常积极，有自己独特的看法，表达能力也好，我经常表扬他，看得出来航航平时喜欢看课外书，知识丰富，孩子有这么好的阅读习惯，离不开您的培养，您真是一位好妈妈……"听我这么说，航航妈妈开始对我有了不一样的看法。

"老师，航航一年级的时候，老师说他总是违反课堂纪律。航航跟一个女孩吵架了，老师处理完之后，对方家长还和我吵了一架。老师有些时候会让航航把自己的过错写在纸上，孩子回家告诉我，我觉得老师在针对他……"

我没有打断航航妈妈说话，听得出来她很不放心，担心孩子受到不公正的对待。我站在妈妈的角度，试想假如这是我的孩子，我会不会也像她一样焦虑。假如我是这个孩子，受到同学的嘲笑，我会不会像他一样敏感多疑。

那一次班级风波让我记忆犹新。那天航航请假，恰巧小静的书找不到了，我动员同学们都帮她找，可费了半天劲还是没找到。出乎意料的事发生了，大家不约而同地都指向了航航，"一定是航航拿了""对，就是他""每次都是他干坏事，肯定是他……"同学们附和着，七嘴八舌地议论着，航航无辜躺枪，俨然背"锅"已是常态。我当时又惊讶又生气，我严厉地批评了学生："没有根据是不能乱下结论的，现在事情还没弄清楚，假如今天其他同学冤枉说是你拿的，你会不会委屈？"同学们听了我的话，纷纷低下了头。课后，我调查了此事，原来是亮亮借了同学的书一直未归还。事情水落石出了，我想这是一次难得的教育机会，利用周五班会课，我策划了一个"航航，我想对你说"的活动，让每个同学都说一说他的优点。"同学们，今天我们上一节与众不同的班会课，来聊一聊航航同学。每个人身上都有闪光点，你们朝夕相处4年了……"听完我的话，同学们面面相觑，小声地议论着。这时，一个声音打破了宁静，"航航热心助人""他很善良""我知道他热爱集体，还给班级捐东西……"发言的同学越来越多。那一刻，我望向航航，我读懂了他眼中的感激，对他来说能得到同学的认可应该是特别幸福和温暖的。

"老师，我感受到孩子最近进步很大，放了学总是开心地跟我分享学校的事，总是把老师挂在嘴上，孩子能遇到您真是太幸运了……"不久后，我接到了航航妈妈主动打来的电话。与上次不同，这一次我明显感到家长跟我的距离拉近了许多。

分析指导

有这样一类家长，他们沉稳理性、处事周到、小心谨慎、性格随和，对很多事情都有自己的主见，对自己的需求也非常明确。他们对老师的建议能够认真聆听，有时还会提出问题和自己的看法，对于疑点必须详细询问，冷静思考之后再和老师交流，不会轻易做出承诺。

跟这样类型的家长沟通时，首先教师需要全面了解家长的诉求，了解孩子的成长过程，包括学校的学习生活、家庭教育、生活背景等。其次就是要有一颗真诚的心，还要具备与家长谈话的能力，让家长了解教师的真诚，让他们充分说明自己的诉求、想法、期待，教师要做到耐心地倾听，了解事情的前因后果，理解家长的态度和做法。在班级处理事务时要做到公平公正，不要戴着有色眼镜去看待孩子，不要用惯用的思维方式去定位孩子，甚至"贴标签"，做到对事不对人，让家长接收到教师公平公正的育人理念，扭转家长对教师或其他家长的消极态度，最终获得家长的尊重和信任，形成教育合力。

沟通感悟

我教他的那一年，航航顺利地融入了集体，家长也不再"剑拔弩张"。后来每年教师节都能收到家长的祝福信息。我在公平公正的处事中，在一次次真诚地沟通后，赢得了家长的信任，不知不觉中，我已在家长和孩子的心中种下了公正的种子。

每个孩子都是"独一无二"的，在陪伴他们成长的过程中，教师要学会尊重差异，公平赏识，要知道每个孩子都是一颗花的种子，只是花期不同，但是每朵花都需要我们用心浇灌，哪怕道阻且长，但要坚信——行则将至。

暖心沟通关键词 **31**
分析

好词解读

　　"分析"就是把某事物分解成较简单的组成部分再进行研究，找出这些部分的本质属性和彼此间的关系。面对从众的家长，我们能做的就是帮助家长客观地分析事情，让家长明白自己产生想法的原因，感受到自己某些观点的不理智、不科学，进而调整观念，改变行为。

　　了解孩子是家长教育孩子的前提条件。家长只有全面、深入地了解孩子，理智、客观地分析孩子，才能选择适当的教育内容，运用恰当的教育方法，对孩子进行有针对性的教育，从而提高家庭教育的效率，增强家庭幸福感。

暖心故事

家长群变身"压力群"

　　"叮铃铃，叮铃铃……"上课了！我一如既往地站在讲台等待上课。听见铃声的同学们迅速坐好。"起立！""同学们好！""老师好！""请坐！""我们这节课继续学习……"就在我开讲的时候，突然发现坐在第二排的桐桐似乎很是疲惫，眼睛已经睁不开了，不住地点头……

　　我若有所思地停顿了一下，说："下面请桐桐为我们朗读课文的第二自然段。"桐桐好像一下子清醒了，开始为大家朗读课文。

　　下课了，桐桐意识到是老师善意的提醒才使自己清醒过来，他走到了我身边，和我承认错误。我把孩子拉到自己身边坐下，问道："桐桐，这才第一节课，你怎么这么困呢？是昨天晚上没睡好吗？""老师，我昨天放学后去上口语课了，上完课回来都八点多了。吃饭、写作业、复习……完成任务都已经十点多了，所以睡觉就晚了，刚才感觉有点困，差点睡着了……""原来是这样。桐桐，那你为什么不让妈妈把口语课安排在周末呢？"

"王老师，我妈妈都给我安排满了。不仅是周末，我每天都有课。我觉得在学校学习比在家轻松多了。在家里，我感觉每时每刻都被占满了，根本就没有玩的时间。我除了上课，就是学习、练琴……""你有和妈妈说过你的感受吗？""没有。因为我知道说了也没用。我妈有个家长群，群里经常有家长发自己孩子的照片、视频。妈妈看着同龄的孩子不仅学习好，而且多才多艺，羡慕得不得了。于是，妈妈就去问这些家长是如何培养孩子，之后……我的课外班就越来越多了。"

"我和妈妈说过，我不想上那么多课外班。这时妈妈会对我说：'桐桐，你知道爸爸妈妈为了让你上这些课外班花了多少钱吗？付出了多少吗？爸爸妈妈花钱就是为了让你以后有出息，你一定要争气呀！你应该是爸爸妈妈的骄傲！而且你看看小区群里的孩子哪个不是上很多课外班，怎么就你抱怨，就你不愿意上呢？你真是太让我失望了！'"

说完桐桐低下了头，可以看见孩子的眼睛里还泛着泪光。听到这，我明白了，要想解决孩子上课打瞌睡的问题首先要解决的是家长焦虑，要帮助家长克服从众心理，否则说再多也没有用。

利用午休时间，我拿起电话，联系了桐桐妈妈。我告诉她孩子今天听课状态不好，特别困。家长先是一愣，后来说："知道了老师，下回我会提示孩子早点睡，谢谢您。"我又说："桐桐妈妈，我最近在和孩子聊天的过程中，了解到孩子每天都要上课外班是吗？""是的，王老师。现在的孩子哪个不是成天上课。"桐桐妈妈不以为意地说。"那您可以选择几个孩子有兴趣的课外班，没必要把孩子每天的时间都排满呀！"

"王老师，您不知道……"随着桐桐妈妈的讲述，我知道了桐桐妈是高龄产妇，看到小区群里的家长们花式晒娃，大家都让孩子上课外班，桐桐妈坐不住了，也给孩子报了很多。课外班的增多导致家中的资金紧张，可是在这种情况下，桐桐妈还是咬牙和爸爸克服了种种困难，让孩子继续上课外班……

听到了桐桐妈哽咽的声音，我安慰道："桐桐妈妈，我理解您的爱子之心,知道您和爸爸所做的一切都是为了孩子……"在我的安抚下,桐桐妈慢慢地停止了哭泣。"桐桐妈妈,我们让孩子上课外班,主要是培养孩子的兴趣爱好,提升孩子的技能,而不是增加孩子的学习负担,孩子正处于成长的'黄金时期',如果课外班占用了孩子大量游戏、休息的时间,学习负担过重,不仅不利于孩子健康成长,也不利于孩子行为习惯和个性爱好培养,真的是得不偿失呀!"

我继续说:"桐桐妈妈,孩子除了到校上课外,其余时间全部被课外班填满了,这样孩子会觉得很疲惫,可想而知,上课效果肯定大打折扣,长此以往还会产生逆反心理。长时间学习没有效果,孩子可能会自暴自弃,您也会感到失望,影响咱们与孩子良好的亲子关系呀!"桐桐妈妈良久不语。

"桐桐妈妈,小区群里的家长们都'望子成龙',大家看到别人家的孩子优秀难免产生焦虑。在我们分析完孩子上诸多课外班弊远大于利的现实下,作为家长不能盲目跟风,更不能强迫孩子上课外班,否则轻则适得其反,重则影响孩子一生啊!学习本是一件快乐的事,不管怎样,我们别让学习成为孩子的负担,不要让孩子为了我们去学习。"

桐桐妈一改刚才的哽咽,语气逐渐坚定起来,说:"老师,谢谢您,通过您的分析,我觉得我给孩子盲目报课外班的行为欠妥,正是因为我的行为导致孩子现在陷入了困境,我会和孩子、孩子爸爸商量,给孩子保留他感兴趣的课外班。"

改变往往不是易事,之后我会经常和孩子的妈妈进行沟通,了解孩子在家的情况。通过沟通我了解到家庭会议后,孩子的课外班数量精简了,属于孩子的时间回来了,孩子利用这些时间休息、玩耍……

"老师,您知道吗?我和爸爸特别开心,我家那个活泼开朗、爱说爱笑的桐桐回来了。现在,桐桐回到家看见我们不再是哭丧着脸,我们的亲子关系越来越好了,真是多亏了您呀!"桐桐妈的声音中难掩喜悦。

是的,桐桐的改变不仅仅是在家里。看着班级里那个阳光自信、认真听课的桐桐,我不由自主地笑了。

分析指导

有的家长缺少主见,人云亦云,立场不坚定。"望子成龙""盼女成凤"是家长们普遍的心愿,这类家长更容易产生教育的焦虑,容易盲从,盲目跟风,缺少独立思考、理智分析。他们对孩子的教育常常依附于他人的意见,喜欢利用人数优势为自己争取最大利益,并且容易受同行人的意见影响,从众心理强。当孩子遇到状况时,他们不能进行客观、理智的思考分析,他们认为,多数人的选择就是对孩子最正确的选择。

针对此类家长,教师需要帮助家长"冷静分析",帮助家长理智客观地分析事件的来龙去脉,让家长不仅"知其然"而且"知其所以然",只有这样家长才可能转变观念,调整自己言行,进而改变自己的教育方式,更好地教育孩子。教师在与之沟通的过程中,要先耐心倾听、了解家长的想法,帮助其分析产生此想法的原因,平等地与家长共同探讨解决问题的办法,并在此过程中观察家长的神情,待家长真心认可并愿意改变时再加以肯定、鼓励,最后监督执行,在家长教育孩子遇到困难时及时出现,帮助家长和孩子顺利度过反复期,使家庭教育得以良性发展。

沟通感悟

很多家长对自己的现状不满意,希望孩子的未来发展比自己好,因此对孩子的期待特别高,希望通过上课外班让孩子提升能力、增长本领。除此之外,今天的家长习惯了凡事靠自己争取,对社会资源特别敏感,习惯竞争,因此对于孩子教育往往极为重视,容易盲目从众。

作为教师,我们通过和孩子、家长的沟通,及时了解家长想法,找到问题的根源。通过理智、客观地分析整件事情,帮助家长了解产生此想法的原因,使之尽快调整教育方式。另外,还要让家长明白自己盲目从众会给孩子未来带来的不利影响,让家长借此事件改变自己的思维方式,努力做一名不盲从的家长,助力孩子成长。

暖心沟通关键词 32
明理

"明理"一词出现在清代学者章学诚的《文史通义·原道下》："文章之用,或以述事,或以明理。"意思是文章的作用或者叙述事情,或是明白道理。

在沟通中,"明理"一般扮演着正面的积极的色彩,明白事理,明晰礼节,这是有效、平等沟通的前提。在教师与家长的沟通过程中,如果教师和家长是以明理为前提进行的沟通,那么在这个过程中老师与家长就会互相体谅、互相理解、互相信任。沟通也能在就事论事、清楚自己身份的基础上进行。

暖心故事

和家长"辩论"

小魏的爸爸与妈妈离异后,他独自带着小魏生活。刚开学的时候,孩子很听话,学习和生活习惯也很好,俨然是一个"三好学生"。但是在与他接触后,我才发现他对待老师布置的任务,嘴上都答应得很快,但完成态度消极、磨洋工。而且,小魏在跟同学交往时,经常暗地里跟同学要心眼,导致很多同学都对他有意见,有时候我能够听到其他同学说"真不想跟他一起玩,又被他坑了"类似这样的话。我得知这样得情况,打算跟小魏进行一次深入地交流。

通过与小魏的谈话,我发现小魏在同学中问题来自他的家庭,他特别惧怕家长的惩罚，于是我尝试拨通了小魏爸爸的电话，"我是小魏的班主任，我想和您了解一下孩子的情况。""老师您好，我们小魏在家挺好的，是孩子在学校有什么情况吗？"我说："不是，我只是看到小魏在班里面有时候很孤单，所以我想问问孩子在家的情况。""我们在家对孩子比较严格，在家的时候我对他要求特别严格。比如说他粗心做错一道数学题，我就会让他把题抄100遍，如果孩子的作业没有做好，我就撕掉他的作业，让他重写。"我突然明白了为什么有时候我能在孩子脸上或者胳膊上看到类似挨打的痕迹。可能也由于家长对孩子所谓的"严格"吧。我尝试问道："之前数学老师跟您反馈孩子的问题，第二天孩子胳膊上的伤痕也是……""是的，孩子不听话就应该打，讲道理能明白啥，他们只需要照我们说的做就行了，不听话就打，我爸就是这么教育我的，我觉得挺好的，我不奢求他现在能理解，但我相信他以后长大了肯定能够理解，而且他现在各方面的表现我觉得还是可以的，他知道的课外知识、阅读的课外书籍我觉得在同龄人是也是很多的。另外就是我也得提前给您说一下，我真的特别反感咱们学校总是留的作业，那个开学第一课有什么可看的，天天花那么多时间给孩子讲安全，说禁毒、学宪法有什么意义。我们送孩子到学校是学习的，是要考大学的，学习得从娃娃抓起，学宪法、说禁毒能帮助孩子考大学？我们孩子在学校学不到该学的，我就只能靠自己了。"小魏爸爸的语气中透露着极度的不满与无奈。这样的一番言论给了我极大的触动，原来他的强势不仅表现在对孩子的教育上，还表现在对教育环境的不认同。

面对这样的情况，我心平气和地说："我理解您望子成龙的心情。不过要请您相信，对于教育我们教师是专业的。我们的教育方法不仅来自系统的理论学习，更多的是经过反复实践，总结出来行之有效的。在教育孩子这方面，我们教师和家长都要放平自己的心态。我觉得全面发展对孩子的成长非常重要。知识是孩子成长的一部分，更重要的人格养成在立足在德育和美育中。""是，我承认您说的对，对于老师，我们是理解的。"家长的语气在听完一席话后有所缓和。"是的，我们所有的沟通要建立的明辨是非对错的前提下，才可能开展有效的对话。"我平静地说："其他今天我还想和您反映一个小问题，不过通过刚才咱们的谈话，我相信您应该会明白我的意思。班里有几个孩子向我反映孩子总是耍心眼，孩子们都有点不想和他玩了。"家长听到同学口中自己的孩子，甚至有些难以置信，他说："我真的没有想到他这么没有教养。"我很震惊，曾经最让这位家长引以为傲的就是"教养"。我说："我们都知道家庭教育对于孩子的影响很大。您想想在您对孩子的教育过程中是不是给孩子带来了一些消极影响呢？"家长沉默不语。"其实您在孩子的教育过程中付出了很大的努力，做出了很大的牺牲，也给孩子培养了很多良好的习惯，小魏在学校乐于助人，也很懂事。但是，当孩子出现问题的时候，希望家校双方能够求同存异地拧成一股绳，对学生进行共同管理。我很希望今天的沟通能够让您站在一个明理的爸爸的角度上对待孩子在学校生活中发生的事情。"

经过这次沟通之后，小魏爸爸的变化挺大，总是会把孩子在家的一些表现告诉我，孩子有的一些表现还会发在朋友圈中，而且对学校事情配合度极高，还会主动给班级捐东西，提示其他家长按时提交相关信息。之后小魏的变化也日趋向好。

分析指导

家长总是希望把孩子培养成杰出人才，他们对自己要求较高，对孩子要求也很高，但往往忽视了孩子的实际情况，教育孩子的做法与孩子的年龄特点和自身特点脱节，只顾盲目地按照自己的理想来要求孩子，这是错位的家庭教育。作为教师与这样的家长进行沟通的时候，很容易出现老师觉得家长不切实际，家长觉得老师误人子弟，然后互相批评和指责，却不能从根源上寻求到家校沟通、合作的落脚点——即需要解决的实际问题和方法。

因此在家校沟通中，最重要的沟通基础就是建立在明辨是非的前提下进行平等沟通。在沟通过程中，双方的态度，决定了沟通的程度。面对这一类的家长，谈话教师应该首先与家长建立一个谈话的边界，让家长明白老师和家长对孩子的成长都是非常重要的这一道理，在建立了家校统一的基础上，再进行深入的沟通与谈话。教师可以旁敲侧击，在面谈时曲径通幽，慢慢地引导他们朝着理想目标务实地走好每一步。

沟通感悟

　　与家长沟通的目的是为了让家长明白在教育孩子的路上,他就是一个纯粹的家长。让老师清楚在教育学生的路上我们就是一个纯粹的老师。这便是我们在家校沟通中最干净、最纯粹、最基础的地位。当教育回归初心,当沟通回归根源,学校与老师之间的沟通就会在同一个层面产生不同反响的效果。当家长对孩子给予更高的要求,但是更应该考虑孩子自身的需求和发展情况。家长只是孩子的家长,并不是所有人的家长。因此,我们应该让家长理解自己的位置,同时引导家长更多地把注意力放在关注孩子怎样把现在的事情做好,调整家长与孩子之间的关系,让家长理解孩子、理解老师,从而能够配合学校的工作,让孩子拥有更好的成长路径。

暖心沟通关键词 ③③
同理

"同理"又叫做同理心，换位思考、共情，指站在对方立场设身处地思考的一种方式，即在人际交往过程中，能够体会他人的情绪和想法、理解他人的立场和感受，并站在他人的角度思考和处理问题。运用同理心沟通在和对方解释事情时，就是要兼顾对方的心理感受。在沟通中，人们常说："不在于你说得对不对，也不在于你做得对不对，而在于对方的感觉好不好，只要感觉对了一切都好。"在沟通过程中，会存在心理因素、态度因素和感觉因素，不能只注重信息类因素，而忽视了其他因素。所以，把自己放在既定发生的事上，想像自己因为什么心理以致有这种行为，从而触发这个事件。因为自己已经接纳了这种心理，所以也就接纳了别人这种心理，谅解这种行为和事件的发生。

暖心故事

用同理心去滋养受伤的心灵

在我入职第一年，我看到的是一张张朝气蓬勃的脸庞，每个学生都是兴高采烈地迎接我，唯有一个孩子坐在自己的位置上满脸的愁容，丝毫看不出是一个十一二岁孩子应有的表情。查查家校联系簿，知道他叫阿强。开学半个月来，我就发现他办事拖沓，总是比别人慢几拍，上课的时候说话是想吸引老师的注意力，而且与周围同学的关系十分紧张，还常常不做家庭作业。

就在一个阳光明媚的早上，我们在快乐的氛围中学习着当天的内容，突然班里发出了窸窸窣窣的笑声，我往声音源头一看，阿强正拿着纸巾和红色水笔写了个英文单词在头上，并且得意洋洋地向周围同学展示，脸上尽是得逞的笑容，看到这一幕，我不禁又气又笑。

教育无小事，我把这件小事记到了心里，通过了解，他的母亲是一位精英妈妈，自己学习的时候刻苦认真，工作兢兢业业，和老公也相亲相爱，老公同样也是高知。但是她这样顺风顺水的生活到孩子的小学阶段戛然而止了，当然家庭没有发生变故，一切只是关乎夫妻对孩子的学习和日常生活习惯产生的问题，孩子学习注意力不集中，经常顶嘴叛逆，不喜欢和妈妈进行交流沟通。这些结果的起因是父母对孩子教育的意见不统一，父亲从小生活在被父母管教严格的环境里，所以他认为孩子应该以快乐为主，孩子想学就学，累了就多玩会儿，而母亲成长在高知家庭，自身傲气且好强。母亲对孩子的教导都以你要怎么样，别人家孩子怎么样，我小时候怎么样为主，这样不仅伤了母子之间的感情，而且对孩子的成长并没有太大帮助。这可能也是我们大多数80后和90后在成长过程中经历的，所以将自己的经历折射到孩子身上。这一切都源自母亲在教育孩子中产生的焦虑，以及那种望子成龙的迫切心情。

作为老师，我理解家长，我也曾碰到过很多这样的母亲，对于这个问题，经过无数次的沟通、改正我找到了答案，我引导母亲先怎样去解除焦虑，让妈妈先爱自己，再去更有能量的爱别人。然后告诉妈妈不妨转变思路，解决根本问题，那就是孩子和妈妈在学习方面的冲突，不妨试着让爸爸去带孩子，尽力说服爸爸也是一个比较有挑战性的工作。

作为一名教师，可以用同理心去理解孩子，也可以用同理心去帮助家长。放弃任何一个孩子，都是我们教师的失职。因此，我对阿强进行了个别辅导，这辅导也是在与他多次不厌其烦的交流面谈中进行的。我站在孩子的立场上去思考问题，每次都取得了意想不到的效果。我从小事上关心孩子，从生活上关心他，学习上帮助他，站在他的角度思考问题，久而久之他变得开朗起来了。当然，在与阿强交流沟通的同时，我也跟家长进行了多次沟通与协调，与孩子爸爸沟通，理解他工作的辛苦，同时又说明孩子身心健康的重要性；和孩子妈妈沟通，了解孩子在家的情况，劝说家长不要放弃对孩子的教育，指导家长改变教育方法，给孩子以鼓励，给其自主的机会，不要施压，量力而行，树立孩子的信心，经常和孩子交流，了解他的心理动态。家长和孩子共同成长，终于阿强的笑容多了起来，和同学们的关系也越来越好了。

分析指导

这类家长总是对孩子充满期待，希望把孩子培养成才。这本来无可厚非，但是如果不脚踏实地，做出与孩子的年龄特点和自身特点脱节的举动，盲目地按照自己的想法要求孩子，就是错位的家庭教育。和这类家长交流的时候，班主任要多布置一些具体的任务，通过不同的形式把他们带回到孩子的身边。例如，学生背诵时要家长签字、参加家长开放日等，为他们教育孩子提出具体的、切合实际的要求。

沟通感悟

成功的沟通就像是在击掌：在一只手上我们想要陈述我们自己的观点，在另一只手上，我们需要倾听别人的心声。所以，在教育中，我尝试着以学生的眼光去看他们的世界，以学生的心情去体会"他们的心情"，以学生的逻辑来思考"他们的一切"。这样让学生得到"作为一个人"应有的受尊重的权利，从而诱发形成彼此充满体谅和关爱的教育氛围。就算是自己的看法与人不同时，不认同也不能判定对方的一定是错；尝试反复地思考，认真从其他角度去看，针对事而不是针对人，便会发现自己原本的定夺不一定完全正确。因为事情发生在"我"身上（主观）跟发生在"你"/"他"/"她"/"它"身上（客观），分别非常大。别人的想法和行为总有他的原因。总之，教师在与家长沟通的过程中，要怀着一颗同理心，用爱心和真心与家长谈话；帮助家长解决一些孩子生活上、学习上力所能及的问题；耐心地解答家长的疑问。有了同理，就有了爱，用爱去包容家长，爱护学生。

暖心沟通关键词 34
原则

好词解读

"原则"指的是我们说话行事时所依据的法则或标准。是根据个人以往经验,形成的一种为人处世的方式。每个人都拥有独特的思考和判断能力,所以处事原则不尽相同,自然也会做出不同的选择和决定。

在沟通中,原则是一种自我表达和个性展现。讲原则才能讲逻辑、讲道理,并获得对方的信任。但有时过于刻板地讲原则,反而给人一种迂腐甚至有些"愣"的感觉。因此,在沟通中,讲原则要学会"软着陆",这样在家校合育中更能有目的性和建设性。

暖心故事

以不变应万变

第一次见彭彭妈妈是在新学期的家长会上。在教室门口迎接家长时,一位面容姣好的女士向我走来。她的神情温柔、优雅从容。"您好!我是彭彭的妈妈,真高兴您成了孩子的班主任。""我也很高兴认识您!您快到教室里面坐。""好,您不用麻烦,赵老师,谢谢您。"不得不说,第一次和彭彭妈妈的见面非常愉快,谁不喜欢温和有礼的人呢?因此,在这个新班中,我记住的第一个孩子就是彭彭。

几天后的一个上午,我接到了彭彭妈妈的短信:老师,彭彭的美术用具忘带了,我给送到了学校门口,您受累帮忙取一下。我来到校门口,简单地聊了聊孩子最近的情况。这时，彭彭妈妈突然握住我的手，抚摸了两下，说："赵老师，这是两张卡，您拿着。彭彭年纪有点儿小，您受累多照顾。"这是彭彭妈妈第一次试探我的底线。我非常坚决地退了回去。"我从来都不收，而且永远也不会收。孩子我一定好好关注，您就放心吧！"我明白，彭彭妈妈是担心孩子，想让我多关注一下孩子。所以，每隔一两天我就和彭彭妈妈聊一聊孩子的情况，安抚家长的情绪。

后来，彭彭妈妈采取了更加迂回的方式。"老师，我想给班里捐点物资。都是给孩子用的，很安全。""老师，听彭彭说，有些小朋友中午吃饭会忘带勺子，我让彭彭拿了些一次性的勺子。"我一一表达了感谢，并嘱咐彭彭妈妈把更多的关注力放在孩子品质和习惯的培养上。在不断展示自己的热情之后，彭彭妈妈可能觉得和我的关系已经很亲近了，便更加大胆了。

一次大课间返回教室的途中，雯雯突然找到我，说："老师，彭彭故意踩我的鞋，我跟他说了这是新鞋不要踩，可他还是踩了三次。而且，他还说我！""说你什么了？""彭彭嫌我胖，说我是猪。"我很惊讶，因为彭彭平时很关心同学、热爱集体。虽然表达有些直接，但却是个充满正义感的小伙子。后来，彭彭承认了对雯雯说的话，主动和雯雯道了歉。本来这件事情已经圆满解决了。彭彭妈妈却突然给我打电话，说："老师，我们彭彭以前没和其他小朋友有过矛盾，这次和雯雯吵架，是因为之前有什么事吗？"我突然意识到彭彭妈妈不想直面问题，我安慰道："彭彭跟我承认了这件事情，我知道他一直是一个温暖有责任感的小朋友。您放心，我跟彭彭说了，如果你在这件事情上做出正确的决定，那老师一定更爱你。""您说的对，彭彭遇上您真是孩子的福气，孩子回来总说特别喜欢赵老师……"又开始了她擅长的吹捧之词。我打断她说："感谢您对学校、对我工作上的认可和支持。我这有点忙，咱回头再聊。"彭彭妈妈赶紧说："这都是我们家长应该做的，咱学校特别好，老师们素质高，关心孩子，彭彭每天上学也可高兴了。赵老师，您看您也喜欢彭彭，让彭彭往前挪挪，离那个姑娘远点，离您也近一点。"我心下了然：原来今天的目的是这个啊。我立即回绝道："这不行。我们排座位全部是按照高矮个排的，没办法往前调。彭彭不管坐哪儿，上课状态都特别好。是同学们的榜样，老师们喜欢他、重视他。我会定好好关注孩子，及时给您反馈。"语气诚恳，态度坚决，结束了这次对话。

或许是没有达成诉求。好长一段时间，彭彭妈妈都没有再主动联系我。我依然一定频率地反馈孩子在校情况。也会跟彭彭讲："妈妈非常关心你，是个特别负责任的妈妈，你会告诉妈妈，赵老师表扬她了。"

其实后来，我和彭彭妈妈的关系一直维持得不错。彭彭妈妈依旧很客气，但是看得出来放松了许多，我也依然坚持自己的原则，不搞特殊。随着接触的深入，彭彭妈妈对我更加信任，再也不提特殊的要求了。

分析指导

教师在日常工作中，往往会遇到生活阅历丰富、处事灵活的家长。他们举止得体、明白事理，当孩子需要帮助时，他们便会态度诚恳，是学校和教师的坚定支持者。他们懂得审时度势、顺势而为，从不明确表达自己的真实意图。

面对这样的家长，教师一定要懂得给自己"降温"，时刻保持清醒的头脑，不要被甜言蜜语迷惑。教师需要时刻谨记：理解关爱、公平诚信、廉洁自律……这些基本原则必须严格遵守、不可动摇。这是教师要严守的原则底线，也是我们沟通的武器和底气。教师和家长要保持一定的距离感，牢记与家长沟通的目的，不要影响自己的判断。无论家长送来的是"糖衣炮弹"还是"刀枪棍棒"，我们都可以处变不惊，以柔和的语言行为表达最坚定的意志，终将会得到家长的支持和信任。

沟通感悟

当接手一个新班级时，家长们是会有所顾虑的。他们不确定我为人处事的方式时就会不停地试探。其实，当我面对家长热情的言行，自己却要坚持原则的时候，许多婉拒的话不好说出口，可如果只是随和地应和家长，家长一定会变本加厉，提出更多要求，那今后的工作一定会出现很多阻碍。所以我不断地给自己打气，只要我统一原则、坚持原则，用适当的方式表达态度，最终我一定会得到家长的信任赞许，减少误会麻烦。坚持原则是对自己的高标准、严要求，千万不能一时心软糊涂，因小失大，得不偿失。

暖心沟通关键词 **35**

建议

"建议"是个人或团体对某件事情未来要如何操作而提出的解决问题的办法；通常是在适当的时候针对一个人或一件事的客观存在，提出自己合理的见解或意见，使其具备一定改良和改革的条件，向积极的方面去完善和发展，对事情的发展是有益处的。

在与家长的沟通中，教师如果能结合实际情况给出解决问题的建议，不仅能让家长容易接受，还能让整个沟通更顺畅。在沟通过程中教师还要注意，我们给出的建议一定要有针对性，空洞的建议内容会让家长陷入一个误区，那就是所有的教育方法都是大同小异。

 暖心故事

小细节　大成长

小凯的妈妈是一个事业有成的女强人，因为工作的缘故，她对孩子的要求也非常高。她曾经这样对我说："孩子既然不笨，那起码能去重点大学。"听到这，我不禁暗暗为之后的交流捏了一把汗，家长没有意识到孩子全面发展的重要性，反而把学习成绩放在了首位，孩子的压力一定不小。

果不其然，没多久，小凯妈妈就开始纠结一年级的孩子没有书面作业。在我多次向家长解释低段孩子无需布置书面作业的原因后，我开始反问家长为何纠结于布置作业。小凯妈妈告诉我，为了孩子的学习她看了很多关于

教育的视频，其中还有相当一部分是从网络平台获取的。虽然她也知道这些网络视频的主要目的是为了推销书籍，但是她也感受到了孩子成长的焦虑。她不愿意孩子未来平平无奇，所以想要把自己从视频中学习到的方法运用于实际生活中。可通过家长的言谈我发现她忽略了对孩子品德的培养，对孩子心理健康的关注。

之后又发生了一件事。有次我注意到给孩子们盖的小印章让小凯偷偷带回了家。转天我就发现了这个问题，并对全班同学说："我愿意给拿走印章的人一次机会，只要把印章放回原处，我便不再追究。"可是孩子转天依然没有把印章放回原处。不得已，我只好对孩子们说，这已经涉及原则问题了，只能通过调取监控的方式了解实情。当晚，小凯妈妈给我打电话，说孩子"无意"把老师的印章带回了家里。我耐心对小凯的妈妈说："小凯妈妈，这可是原则性问题啊，在这之前我也给过孩子改过的机会。"小凯妈妈急忙说："那可能是因为小凯太喜欢印章了。"我回道："通常情况下，孩子再喜欢一个东西也不能在未经他人允许的情况下拿走啊！他是不是之前也无意拿过东西，但您没在意？"小凯妈妈有些无措地说："幼儿园的时候小凯拿过小朋友的印章，但我教育过他了，他最后也没再拿走了啊。不曾想到了一年级，竟然拿老师的印章。"听到小凯妈妈的话，我意识到正好可以借此机会，跟家长聊一聊。我首先认真地肯定了家长对小凯的付出，这种对学习点点滴滴细节的关注需要巨大的心力。听到我的肯定，小凯妈妈骄傲地回答道："那是，我平时可没少看如何教育孩子的视频，对孩子教育的重视，我不敢说第一，但也绝对是尽全力了。"听完这番话，我平静地对小凯妈妈说："可是每个孩子的个性都不相同，如果照搬网上的教育方法，既不利于孩子的心理健康，还有可能让孩子跟自己的距离越来越远。比如小凯幼儿园就有拿印章这个事情，因为跟学习无关，咱们可能觉得不是重要的事，所以幼儿园出现了误拿事件后，您就简单告诫他，让他误以为这种事并不是大事。也正因此，他才会大胆拿老师的印章。这是不是正好说明了咱们对小凯行为习惯的培养有疏忽呢？"小凯妈妈突然陷入沉思，良久不语。我小心地再次提示她："再比如，一年级的他就在自己的烦恼中提到妈妈太过唠叨。如果一味把自己的想法施加给孩子，会忽略更多孩子的想法。"小凯妈妈不好意思地说，"王老师，这些其实我都知道，我知道孩子嫌弃我唠叨，嫌弃我管他太多。但我总以为只要抓好他的学习，其他问题都不是问题，他上小学后会理解我的。可没想到，行为习惯如果不加管教会愈发严重。"听着小凯妈妈懊恼的回答，我安慰道："小凯还小，现阶段追求成绩是舍本逐末，不如多陪陪孩子，关注他的行为习惯，这样他不仅会有您想不到的进步，你们的关系也会越来越好。"

之后小凯妈妈敞开心扉，常常与我谈起孩子在学校的小细节，比如小凯今天能主动举手回答问题，生字的书写有了进步等，我们一起分享孩子成长的快乐。期末，小凯妈妈感慨道："老师，原来孩子的世界不是只有成绩。他有喜欢的游戏，喜欢的同学，喜欢的书籍。他还有自己特定的习惯，看到我关注他的世界后，小凯越来越愿意跟我说学校发生的点点滴滴。"我笑着问："那您现在还为成绩焦虑吗？"小凯妈妈点点头："这种焦虑肯定还是有的，毕竟我从小就被我的父母督促学习。但是，孩子跟我关系越好，我说的话他才愿意听。我也该一点一点走出自己固定的思想圈子了。"没错，当家长愿意正视自身的问题，便是最好的开始。

分析指导

很多机械式管理孩子的家长都具有重视孩子教育、但缺少具有针对性的教育方法。通常，这类家长的教育责任心强，对孩子的期待值高，总是在不断地学习各种教育新理念和新方法，并将这些方法想方设法直接照搬应用孩子的教育中。他们常常自己一厢情愿，用自己觉得有效的方法来教孩子。此类家长容易被网络贩卖的学习焦虑影响从而做出一些非理性的行为。

这类家长的责任心是令人佩服的，他们和千千万万望子成龙的家长一样，愿意付出时间和精力陪伴孩子。但是，此类家长并不清楚每一种教育方法都有其独特性，不一定适用于自己的孩子。他们所使用的的这种不懂变通、没有根据孩子自身情况灵活调整的教育方式既让孩子疲惫不堪，又让家长更加焦虑。因此在和这类家长交流的时候，教师要充分肯定他们的付出和努力，并引导家长发现在自己的教育管理中孩子身上出现的问题。同时教师要发挥自身的专业能力，帮助家长找到教育问题的根源，并向他们推荐一些有效的方法，给出具有针对性的建议。而这里的建议一定要根据孩子自身的问题解决当下家长面临的比较突出的教育问题。这样的沟通过程，不仅能很好地解决问题，还能令家长信服。

沟通
感悟

通常家长对孩子的关注是细化的。但是，有些家长由于他们习惯了机械式管理，容易把自己的教育重点只放在一个地方，而容易忽视孩子的整体发展。因此，作为班主任，我们一定要帮助家长更新教育理念，变换教育方法。

如果想要让家长接受新的教育理念，教师在给出建议时，一定要言之有理、言之有物，不要空有理论。教师要通过孩子的实际表现，给出合理的建议，引导家长发现之前不当的教育方式。教师要借助孩子的行为变化，引导家长发现孩子对"爱"的渴望。只有在充分信任教师教育理念的前提下，家长才愿意敞开心扉，听取教师的建议，与学校、教师达成教育合力，为孩子的成长营造积极的氛围。

暖心沟通关键词 36
客观

好词解读

"客观"一词有两层含义：一是指不依赖于人的意识而存在的事物；二是指在看待问题时，按照事物的本来面目去考察，不夹杂个人偏见。客观与主观是一对反义词，在认识问题时，主观是感性的看待，客观是理性的分析。

有效沟通是建立在实事求是的基础之上的。实事是指真实存在的问题，不依赖于人的意识而转移，对应于"客观"的第一层含义，"求是"就是认识问题的客观本质，寻找解决问题的客观办法，对应于"客观"的第二层含义。沟通以客观为前提、为准绳，才能做到对症下药，事半功倍。

 **暖心故事**

"孤立"风波

我是一名小学科学教师，小冉是我任教班级中的一名女同学，她个子高高的，坐在教室的最后一排，上课从不主动回答问题，也不会扰乱课堂秩序，只是低着头，仿佛沉浸在自己的世界中。小冉第一次引起我的注意是在科学课前发放课本的过程中。课代表在发放课本时，偶然发现小冉的课本上有异常，于是便交给了我。我发现课本上几乎每一页都有被涂画的痕迹，有些地方甚至是被大面积涂染过，由此我判断小冉在上课时出现了不专心听讲的情况。下课后，我第一时间找小冉谈话，告诫她上课要专心听讲，积极回答问题，小冉当场承认错误，并表示会好好改正。

事情就这样过去了一周，突然有一天班主任找到我，告诉我小冉的妈妈向她反映小冉在做科学实验的时候被同学们孤立，没有机会自己动手做实验，要求我单独为她提供一套实验器材，否则就进一步向学校领导反映问题。听完班主任的话，我第一感觉事情没那么简单，因为此前小冉从未向我反映过类似的情况，而家长的"投诉"又恰恰出现在课本涂鸦事件之后不久的一段时间里。为了更好地解决问题，我首先向班主任详细了解小冉妈妈的基本情况。原来，小冉家境优越，小冉妈妈曾是一名幼儿园老师，但为了更好地照顾小冉的生活，她辞去了工作，成为一个全职妈妈。从那以后，她将全部精力放在小冉身上，此前也曾多次向班主任反映过其他任课老师孤立小冉的情况。与此同时，在上实验课时，我特别留心观察了小冉所在小组的分工情况，我发现其实同学们并没有孤立她，反而让她担任了重要的测量员的角色。但是，小冉在测量过程中总是会出现各种错误，而且这些错误都是我在实验前就重点提示过的内容，如果她认真听讲一定可以避免的。课后，我又向同学们了解了小冉以往做实验的情况，果然和我观察的一样，同学们并没有孤立她，而是小冉在做实验时总是出错，当她做记录员时会将实验数据写错，甚至不知如何记录；当她担任操作员时，更是手足无措，久而久之，同学们难免会对她有所怨言。

就在我调查真相的同时，小冉妈妈隔天又向班主任反映了我和同学们排斥小冉的情况，并且态度更加强硬。这时，我才意识到小冉并没有把事情的真相如实告诉家长，她把老师善意的提醒和同学们不经意间的抱怨都当作了对她的排斥和孤立，家长出于对孩子的溺爱偏听偏信，才会出现这样的误解，我应该尽快与家长沟通，说明事情真相，避免误会进一步加深。于是在班主任的引荐下，我与小冉妈妈展开了第一次电话沟通。电话接通后，我这边自我介绍刚结束，小冉妈妈便一顿输出："小冉已经连着好几天说不想上科学课了，这么多年了，这可是第一次出现不想上学的情况，她说每次做实验她都插不上手，同学们都不让她碰实验材料，您作为老师是怎么安排的？您必须给我一个解释！"感受到小冉妈妈满腔的怒火，我努力平复了一下委屈的心情，尽量用最平和的语气进行了解释。首先，我详细说明了实验课要进行分组的原因。因实验器材数量有限，无法满足每个同学一套器材的需求，而且大多数实验都需要同学们分工合作、密切配合才能完成，小组实验更有利于培养孩子们团结协作的精神。随后，我一步步帮助小冉妈妈分析整件事情的前因后果，其实小冉并没有被同学们孤立，每次实验课她都会被分配到相应的任务，但是由于小冉在上课的时候不专心听讲，没有掌握操作步骤和注意事项，经常在做实验的时候出现一些错误，才导致同学们有所怨言。同时，我以课本涂鸦事件为佐证，向小冉妈妈说明问题的根本原因在于小冉自身。听过我的分析后，小冉妈妈说话的语气明显和缓了许多，她表示小冉在自己眼中一直十分懂事乖巧，出现这样的情况是她没有预料到的。看到小冉妈妈冷静下来了，我适时提出了解决问题的措施：一是希望家长能够和小冉多沟通，找到孩子上课不专心听讲的原因，帮助孩子克服困难；二是作为老师，我会在课堂上多多关注小冉，对小冉在学业上出现的困难及时、耐心地给予帮助和指导，和家长一起努力促进小冉取得进步；三是我也会告诉其他同学要多给予小冉一些耐心，在实验中多帮助她。但为小冉单独提供一套实验器材的要求，我进行了委婉的拒绝，我告诉小冉妈妈："作为老师，我必须公平公正地对待每一名同学，因此我不可以单独为小冉提供一套实验器材，如果小冉对于实验有任何不明白的地方可以课下来办公室找我，我可以指导她再做一次实验。"小冉妈妈听了我的建议后，连连表示认可和感谢，并对之前提出的不合理要求表达了歉意。最后，我委婉地告诉小冉妈妈，希望她以后遇事要保持冷静，多参与调查，不要偏听偏信。

此后，我时常将小冉在科学课上的表现反馈给小冉妈妈，孩子的点滴进步都被我用文字或照片记录下来传达给家长。小冉妈妈再没有向我反映过小冉被孤立的情况，线上学习期间，小冉妈妈更是接过了反馈的接力棒，和我分享小冉的居家学习日常。看着小冉一点一滴的进步，我由衷地感到欣慰，更领悟到有效沟通在促进家校共育过程中的重要性。

分析指导

这种类型家长喜欢在他人面前炫耀自己社会阅历丰富、见多识广，享受被他人崇拜的感觉，有自我感觉良好、以自我为中心的特点。这一类型的家长缺乏对孩子正确的认知，认为自己的孩子出类拔萃，不愿意承认孩子的缺点，即使孩子做错事也是老师的不对、同学的不对。他们要求老师凡事对自家孩子多加以照顾，组织任何活动要以自家孩子为中心,一旦孩子在学校没有受到特殊照顾,就会感到委屈、不公,从而到学校找毛病、挑刺。

在与此类型家长沟通的过程中,教师要以"客观"为准绳。教师首先应心平气和地帮助家长分析整件事情的前因后果,若语言无法令家长信服,可拿出确切的证据来佐证,确保家长能够客观地认识问题,能够正视自家孩子在事件处理过程中存在的不足。但在分析事实的过程中,教师要做到态度真诚,讲究语言艺术,避免伤害家长的自尊心,令其恼羞成怒,进一步激化家校矛盾。当把沟通建立在客观的基础上,教师再以"一切为了孩子"为出发点提出解决问题的建议,家长才能够心悦诚服地接纳建议,问题便可迎刃而解了。

沟通感悟

在与家长沟通的过程中,我逐渐意识到作为教师在日常教学中要多加关注以小冉为代表的班级中的"小透明",这类学生往往性格内向,不善交际,学习成绩不突出,班级活动参与度低,但是"小透明"也渴望被关注,也会"羡慕"那些被环绕的"焦点"人物。此次"孤立风波"可能就是孩子想要吸引老师和家长注意力而造成的,若"小透明"长久被忽略,则会越来越内向,越来越缺乏自信。教师要与这类学生多加交流,通过语言激励帮助他们树立自信,同时在日常教学中为他们创造更多展现自己的机会,激发他们的潜能。

暖心沟通关键词 37

合作

好词解读

　　"合作"指互相配合做某事或共同完成某项任务。合作就是个人与个人、群体与群体之间为达到共同目的,彼此相互配合的一种联合行动、方式。

　　在与家长的沟通过程中,"合作"发挥着沟通过程的枢纽作用,并启示教师"与家长沟通一定是家校站在同样的立场,而不是对立面"。因此,沟通的前提便是教师与家长统一立场,促成教育思想、方法和行动上的一致性;在此前提下,教师还要将这种合作的意识贯穿到整个家校沟通过程中,解决学生及家长出现的教育问题,构建有利于学生成长、互通互助、共赢发展的家校共同体,最终实现家长与学校、教师的协同育人。

 **暖心故事**

小昊的书包变身记

　　新学期转眼间已经过去了一个月的时间,班级的转校生小昊引起了我的注意。

　　从外省农村转来的小昊英语成绩并不好,不过我已经和他制订了提升的计划,因此这并不是促使我联系家长的直接原因。一次课前,小昊有些着急,原因是怎么也找不到自己的练习册。于是我走到桌前,想和他一起找,可就在打开他书包的那一刻,我惊呆了:各个学科的课本、练习册、练习卷甚至是文具，全都错乱地躺在书包里，有的甚至已经有很多折痕……

　　于是我想借着小昊的书包和孩子家长进行一次电话沟通。在一天中午的电话沟通中，我先是礼貌地沟通了孩子近期在校的表现，并没有过多地谈及孩子英语学习上的问题。我又说："小昊妈妈，您平时有没有看过孩子的书包或者帮助孩子整理过他的衣柜？"小昊妈妈很诧异地说："您怎么问起这个问题？"语气里似乎有点抵触。在我解释完学校发生的事情后，小昊妈妈简单地回复了一句："我会多关注。"第一次的沟通就这样草草结束了，这件事情好像并没有引起家长过多的重视。之后我还是会不经意间关注小昊的书包，每次英语课后也会帮着他整理，但他的书包还是不尽如人意。

　　过了大概两周的时间，我选择了在周五晚饭后再次拨通小昊妈妈的电话。我说："在过去的两周时间里，我经常和孩子一起整理书包，但是说实话，他没有形成一个良好的习惯，也没有意识到这件事情的重要性。您要是不忙的话，我想再和您聊聊。"听到小昊妈妈的积极回应，我又说："孩子的好习惯并不是一蹴而就的，很多是需要父母和老师的引导，一点一滴养成的。单纯依靠任何一方都达不到理想的效果，我特别需要您的帮助。而且我近期观察到小昊不仅书包比较乱，他的桌面也乱，经常上着英语课，下面还有很多其他科的书，这样不利于孩子的专注学习。所以，我想再多了解孩子，您可以跟我说说吗？"也许我的付出和真诚的态度让小昊妈妈不再像上次那样抵触。她说："谢谢老师，您真细心。说实话，我确实没有觉得书包的整理会对孩子影响什么；而且我没有和孩子一起整理过书包和衣柜了。孩子小时候都是跟着爷爷奶奶生活，许多生活习惯和学习习惯也是随着爷爷奶奶的习惯。由于我们一直忙于工作而且与孩子长期异地，他现在也不愿意和我们亲近。"听完这个我似乎明白了小昊妈妈不愿意诉说的苦楚。我安慰她说："我很理解您的心情，您这些年也很不容易，哪有父母不愿意陪在孩子身边的。不过现在孩子接到身边，咱们可以和孩子慢慢培养感情。可以先从孩子的生活上多关心他，不经意地去了解他生活上的喜好和习惯。孩子需要爸爸妈妈的爱去温暖他。您主动一些，和他经常聊聊天，问问他学校的生活。要是有任何困惑，可以随时联系我。"此番沟通，小昊妈妈终于放松下来，开始愿意和我分享孩子的事情，甚至还说了一些生活中的矛盾。她终于找到了一个可以倾诉心肠的人。

一个周末的下午小昊妈妈突然打来电话说："老师，您知道吗，我今天找了个机会和孩子一边聊天一起整理了书包，把他的学习资料进行了分类。我发现孩子已经长大了，我太不了解孩子了。通过这次沟通，我明显感觉到孩子距离我又近了一点……"我并没有打断她，而是安静地聆听，顺势补充说道："我感受到了您的开心，希望我们一起努力，不仅是让他学会整理书包，还要一起帮助他养成好的学习习惯。但我们不能操之过急，给孩子改变的时间。今后我们保持联系。告诉您一个小秘密，考虑到小昊英语上还需要再强化，我和他其实在开学之初就约定了本学期的英语学习计划。回到家，您要多鼓励他，也可以和孩子一起做口语练习。相信有了您和孩子爸爸的加入，他的英语学习一定会迎头赶上。"聊到这里，我明显感觉到小昊妈妈内心的感动。她说："我真没想到您可以为孩子做这么多的事情，我和爸爸也一定会努力配合您，有教育上的问题咨询您，您也别嫌烦。"听到这里，我心里乐开了花。

其实，我还偷偷地为小昊准备了分科的文件整理袋，渐渐地，他的书包也和其他孩子的书包一样，分门别类，工工整整。不仅如此，小昊的英语好像也慢慢有了进步，我也经常会收到小昊妈妈的留言。

分析指导

在与学生家长接触的过程中，难免会遇到类似这样的家长。此类家长具有口头答应教育孩子，却不行动的特点。他们与教师沟通时有求能应、有邀能到、态度谦和，善于帮助老师批评教育孩子。但往往对孩子的教育只停留在口头上，不能持之以恒地将教育理念或方法付诸行动。此类家长之所以存在这样的特点，大多数归于以下两个方面的共性原因：一方面，家长的教育理论知识与方法不够丰富，对教育孩子出现的问题不能及时辨别和解决；另一方面，家长在教育孩子上的目标和行动上存在不确定性，没有良好的规划和策略，缺乏持久的行动力。

教育家苏霍姆林斯基曾把学校和家庭比作两个"教育者"，认为这两者"不仅要一致行动，要向儿童提出同样的要求，而且要志同道合，抱着一致的信念"。从此类家长的特点出发，教师在进行家校沟通时要尽量与家长达成"合作"状态，在合作中不断给予家长针对性的建议和行动上的支持。而且，教师在沟通的全过程中都要不断强化家校合作的重要性，努力与家长构建良好的合作关系，为助力学生成长打下夯实的基础。

沟通感悟

小昊的书包体现的不仅是习惯，更承载了父母对孩子成长的关注。我从小昊的书包着手与家长展开沟通，借助这样的教育契机引起家长对孩子教育过程中缺失爱的关注。借助沟通，我们不仅帮助孩子养成良好的习惯，更能引起家长对孩子成长的关注。同时，这也让我深刻地意识到没有不配合工作的家长，只有愿不愿意配合教师的家长。

在沟通的过程中，教师首先要和家长形成教育思想上的一致性，达成教育共识，构建合作式沟通关系。此外，教师还要充分考虑家长不同的家庭环境、教育理念、教育期望；在此基础上运用教育方法和教育智慧，和家长共同面对孩子出现的问题，帮助家长找到切实可行的教育方法。总而言之，"合作"在家校沟通过程中不仅能够增强学校、教师方面与家长方面的沟通效果，更有利于家校良性关系的构建，促使家校教育产生合力，为孩子的成长创设更有利的教育环境。

暖心沟通关键词 38
协同

好词解读

"协同"一词在《说文解字》中提到："协，众之同和也。同，合会也。"所谓协同，就是指协调两个或者两个以上的不同资源或者个体，协同一致地完成某一目标的过程或能力。是人与人之间的协作。协同的结果使个体获益，整体加强，共同发展，使事物间属性互相增强、向积极方向发展。

对忙于工作的家长，他们需要学校或教师的协同。我们协同他们解决当前的困难，让家长感受到学校的温暖和老师的责任心，能让家长更信任学校，进而积极配合学校的工作。同时也能减轻家长的情绪焦虑，促进亲子关系的发展。以一己之力助他人，受助人也能感到快乐。

 **暖心故事**

传递爱，收获爱

我的班里有一名叫瑶瑶的女生，跟随父母从外地老家到这里居住生活，一家三口，没有四老的帮衬，父母工作较忙，瑶瑶从小缺少父母的陪伴。生活中的各项琐事，基本都是她一个人解决。

早上时常看到瑶瑶乱着头发就进教室了，下午放学时总能看到她在公交站牌等候的身影，不管多晚都是一个人回家。冬天天黑得早，气温也低，别的同学早早就被父母接走了，而她仍在寒风中等公交车。学校有了课后服务后，她是班级里唯一一个参加 6:30 晚托管的学生。疫情线上居家学习后，瑶瑶白天一个人在家，饭菜要么是父母前一天准备好的，要么是当天她自己做。线上学习更是靠自己一个人完成。疫情期间，按防控要求，学校每天都需要上传双码。有时老师也需要在群里排查各项工作。这些事情都是瑶瑶"帮衬"着父母完成的。在我看来，这个孩子还没等到父母的陪伴，自己就已经"长大"了。

家访时我跟父母聊起来，了解到由于父母工作的特殊性，陪伴孩子的时间较少，为此他们心里一直很愧疚。为了帮助这对父母，老师们尽力照顾瑶瑶，不管是生活上还是学习上，给予瑶瑶更多的关爱。如果学校有需要父母配合完成的工作，我便协同父母一起完成。记得有一次冬天，放学时天色已晚，早已看不清路上的行人，班上所有学生都被放走后，我也准备回家，路上隐约看到一个学生在等公交车，走近发现才知道是瑶瑶。寒冬腊月的天气，寒风刺骨，穿着单薄的她，在风中冻得瑟瑟发抖，顿时一股心疼涌上心头，我几次把围巾脱给她带都被拒绝了。我便驻足站牌，陪她聊天一起等公交车，我们一块儿蹦蹦跳跳驱走寒意。晚上回家与家长沟通后，家长表达了内心的为难与焦虑。"双减"实施以来，学校开启了课后延时服务，我们班没有参加 6:30 晚托管的学生，家长内心便矛盾起来，一方面，家里情况特殊，父母没法按时接孩子放学，需要让孩子参加 6：30 的课后服务；另一方面，班里没有学生参加，又担心给老师增添负担。在了解到家长的需求后，我安抚了家长的情绪，表示十分理解家长的难处，并帮助他消除了心中的顾虑。家长对此心生感激，也十分理解老师们的辛苦。还与家长协同商量了一个折中的办法，家长一忙完工作便立刻来接学生，这样老师们也能早点回家。有时候家长来接的晚一点，我会拿点零食先让孩子垫垫肚子。对此，瑶瑶也乖巧听话，越来越亲近老师，等大家都走后，她还会帮班级做卫生，临走时还会帮老师关窗户。

在学校生活中我也总会多关注一点瑶瑶，很多事情与家长一起协同处理。换季时看她衣服穿着是否合体。早上是否能按时到校。家长没有及时关注到班级群里的消息时，单独联系家长并耐心解释。还会及时关注瑶瑶的心理状况，定期的与她谈心谈话，帮她疏导内心的委屈以及对家长的抱怨。线上教学时，关注瑶瑶是否按时上课、吃饭等。也与父母沟通，并叮嘱晚上回家一定与孩子沟通一天的情况，及时关注学生的情绪变化。周末多一些亲子陪伴的时间。对此，父母很感谢老师们的关心，瑶瑶也越来越懂事听话。这些变化正因我们传递爱，才收获了爱。

分析指导

部分家长忙于事业，无暇照顾孩子而全托。他们大多数是"工作狂"，对孩子的成长参与度较低，工作之余难得接触孩子，对孩子的学习和生活了解较少、关心较少，更没有时间向老师了解孩子的情况。第一次与老师见面时，他们热情地和老师交流，让人觉得他十分真诚，但一个学期下来基本见不到他们的踪影，极少与老师交流沟通孩子的情况，从来不主动找老师，也从来不给老师"添麻烦"。但其实这部分家长和学生很需要教师的帮助。孩子的成长需要父母，家长的处境需要老师。

针对这些忙碌的家长，需要教师的"协同"。教师首先应表示对家长的理解。家长因工作忙碌缺少对孩子的陪伴，他们内心深处是愧疚不已的，属于心有余而力不足，教师的理解会让家长感受到体谅与关心。其次与父母及时沟通学生的在校情况，并协同父母完成相关工作，家长会感谢老师的帮助，也能让家长及时参与学校的工作，助力学生的成长。久而久之，问题便会迎刃而解。

沟通感悟

这件事情给我最大的感悟是，家长认可并支持教师的工作，孩子能在教师的这一缕阳光下快乐茁壮的成长，这便是教师高尚人格的魅力之处。协同是一种力量。这种力量，让孩子们得以健康快乐的成长；这种力量，让家长得以安心的工作，减轻生活焦虑；这种力量，让老师们有更高的职业幸福感，同时也能更好的促进家校联合。协同还如一种关爱，让我们感受到了温暖。这种关爱让我们在人生的道路上见识到了花开的美丽，感受到了阳光的温暖，也体会到了人间的美好。传递爱，播种快乐。给他人爱，让自己也收获快乐。

第五篇

教师与家长尊重沟通

　　家校共育中，相互尊重是前提。教师与家长互相尊重才能良好沟通，实现双赢。教师与家长之间，在社会角色、地位、文化修养等方面存在差异，但人与人的沟通并没有职位上的高低和地位上的贵贱之分，在教育目标与任务上，双方是统一的，只有彼此尊重、相互理解，才能互相支持、共同配合，为学生的健康成长提供良好的教育合力。因而，"平等、互敬"是教师与家长建立良好人际关系的基石。

暖心沟通关键词 **39**

冷静

好词解读

　　"冷静"一词出自关汉卿《金线池》第三折："俺则这等吃酒可不冷静！"在此处的意思是指沉着而不感情用事。

　　冷静是适应外界情景和人际关系需要的动态调整过程，是沟通的重要组成部分。当沟通遇到棘手的问题时，情绪经常出现在心理活动的前沿，这时保持冷静，就能够给心理活动争取时间，不会因情绪引发过激行为。冷静使人理智，人在冷静的状态下才能把事情在可行范围内处理得最好。"冷静"在教育工作中尤为重要，我们会面临各种各样的人，各种各样的事，只有冷静面对，才能有逻辑地思考、深度分析、解决问题。如果遇事不冷静，可能会给事件造成不良后果。

 **暖心故事**

一脸怒气与一团和气

　　王阳与李浩两个人关系很好，下课经常在一起玩。有一次，在玩闹的过程中王阳摔倒了，我立刻跑到王阳跟前，发现膝盖上有些轻微擦伤，我便先带王阳去医务室处理了伤口。从医务室回来，我将王阳叫到办公室询问受伤过程，王阳哭着说："老师，李浩推我，我才摔倒的。"但是李浩否认，说道："我们只是在玩闹，他没站稳才摔倒的，我没有推他。"于是我向周围同学了解情况，发现事实与李浩的描述一致。我打电话将王阳受伤情况告知了王阳妈妈，表示已帮孩子处理了伤口，妈妈当即表示只是孩子之间玩闹，问题不大。

晚上放学后，我突然接到了王阳爸爸的电话，他听到自己孩子的一面之词后便认为王阳受到了其他同学的欺负，气势汹汹地指责李浩："李浩就是看我们孩子好欺负，故意欺负我们孩子，他家长是怎么教的孩子？他教不了可以交给警察教！如果他的家长不出面，我就让我们孩子打回去！"王阳爸爸言辞激烈，我赶紧安抚道："王阳爸爸，我非常理解您的心情，如果是我，我也会着急。请您放心，我一定会查清楚，尽全力来解决这件事情。"经过我的不断安抚，王阳爸爸的情绪才稍有缓和。第二天，王阳爸爸称没有得到李浩家长的道歉，直接冲到了学校，为了不影响其他孩子，我将王阳的爸爸请到办公室，马上将从孩子那里了解到的实际情况告知王阳爸爸，并复述了当时的处理流程。但是此时这位家长的脾气已然难以抑制，脸红脖子粗，直接冲我嚷道："李浩家长为什么不出面？孩子没有家教，家长也没有吗？再不出面，我就报警！"在一个紧张、嘈杂的环境中，沟通效果肯定不好，因此我将王阳爸爸请到了一个相对安静的环境，并让他喝喝茶放松心情，我微笑着说："首先对您愿意信任我和学校，想通过学校处理此事表示感谢，说明您是一个明理的家长。"听到此话，王阳爸爸的脸色有所缓和，打开了话匣子，足足倾诉了近两个小时，他反复强调是自己孩子受了委屈。在这两个小时中，我始终微笑倾听，任由他反复诉说，并适时地给家长一些简短的激励继续交谈的话语，"我明白了""我能理解您的心情""您的这个观点是非常正确的"，表示我在专注地听他说话，并鼓励他继续说下去，这让王阳爸爸感觉自己受到了尊重，确认自己的感受是被理解和重视的，因此他的情绪越来越舒缓。从一开始的极端言语到逐渐降低了处理此次事件的要求。在王阳爸爸充分表达了自己的想法之后，他的情绪已经"发泄"完，我将详细情况再次告知王阳爸爸："阳阳爸爸，孩子们没有发生推搡，李浩与王阳一起玩闹，王阳摔倒了，孩子因为年龄小，他的话不完全准确，李浩肯定也是有一定责任，两个孩子平时关系特别好，上下学都在一起玩，如果报警的话，肯定会影响到两个孩子的关系，也会影响到其他孩子和阳阳的关系。"在此过程中，我不厌其烦地回应着王阳爸爸关切的问题，最终让两个孩子握手言和。

接下来我顺势引导王阳爸爸关注孩子自身的发展，并告知孩子在校的优异表现,对王阳爸爸的一些有价值的观点给予真诚的赞美,夸赞家长的明理,交流家校合育的着力点。送走王阳爸爸后,我再次联系了李浩的家长,讲明事情的处理结果,在征得王阳爸爸许可后,李浩通过电话向王阳道歉,整个沟通过程冷静而有序,王阳爸爸也欣然接受了道歉。

分析指导

有些家长性格冲动、脾气暴躁,一遇到与孩子有关的"负面"消息时,爱子心切,一时难以抑制自己的情绪,不能冷静、理智地思考问题,更不会耐心听别人的解释,表达情绪的方式简单粗暴,若此时教师稍作解释,反而会使情况恶化,激化家校矛盾。

面对这样的家长,需要教师的"冷静"。教师首先应"听其言,辨其意",不要和家长"硬碰硬",不要被家长的不当言语及情绪发泄影响,也不极力辩解,先保持冷静,控制好自己的情绪,耐心倾听他的想法和诉求,让其在反复述说中感受到尊重,让情绪得到舒缓。这些家长大部分的基本诉求其实是发泄情绪,只要情绪得到发泄了,问题也就迎刃而解了。在家长"发泄"过程中,教师要冷静分析他的叙述,在他的言论中寻求正确的观点,让他感到自己被认可。家长情绪稳定后,教师和家长相互间的信任也已经建立起来,此时教师借机引导家长理解学校和教师对此次事件的重视以及前期的处理办法,扭转家长对学校及教师或者其他家长的消极态度,获得家长对教师处理问题的理解和支持,最终向一致的教育目标前进。

沟通感悟

在家校共育的模式下,老师及家长之间的沟通尤为重要。面对家长突如其来的纷争和责难,老师要学会冷静面对,控制自己的情绪,不能被家长的错误言论和行为影响,甚至被动地参与家长之间的较劲,这样只会让事情陷入更加混乱的境地,造成更糟糕的局面。只有心平气和地倾听家长的诉求,让家长发泄情绪,冷静思考之后才能正确客观分析事情的来龙去脉,从而寻求解决问题的好方法。每个孩子在家长眼里都是宝贝,老师在处理孩子的问题中一定要公正公平、客观冷静,避免因处理不当而被家长责难,同时也要换位思考,用自己的真心换取家长的理解和支持。

暖心沟通关键词 40
静听

好词解读

"静听"一词的意思原本是仔细地听、安静地听。它不是不理不睬，也不是漠不关心，而是在对方表达的过程中安静地处理对方传递的信息，并能抑制自己表达欲望的一种能力。

在沟通中能够静下心来听人诉说，是难得的品质，也是包容、理解的象征，更是对他人情绪的接纳。安静地听他人诉说，是沟通中尊重对方的表现，是有利于化解沟通困难的一种方式。静听其言在双方冲突的关系中有时反而会起着妙手的作用。

暖心故事

智慧的化解

这天，已经打完上课铃，我发现班里的女孩子思雨没有来。于是，作为班主任的我拨通了思雨爸爸的电话，电话一接通，我还没张口，就听见电话里传来怒气冲冲的声音："你们老师都是怎么当的？孩子的作业已经有一个礼拜没有写了，你们老师也不管？"听到思雨爸爸的质问，我一下子懵了，心想这是怎么回事？

这时，电话里还在不停地传出这位爸爸的咆哮声："我们把孩子送到学校里，你们就把孩子教成这个样子，孩子不学习就算了还学撒谎！"说着说着家长的情绪又激动起来，还大声喊着让孩子退学。

我心里不由得有些憋闷，想直接打断他。但我一想，现在还没了解清楚事情的前因后果，贸然出声很有可能激化矛盾，导致家长的情绪更加不稳定，那时，不仅对于解决问题毫无帮助，还有可能引发更大的矛盾。于是，我就生生把话咽了回去。

我心想：思雨平时表现还不错，怎么会像孩子爸爸说得那样不写作业还撒谎呢？是不是有什么隐情？如果这时直接反问家长，很容易火上浇油，激化矛盾，那该如何引导家长把问题说出来呢？

于是我插了个空，试探地问："孩子作业一周没写吗？"这时候就听家长吼道："这口算题卡就像新的似的，孩子不写你们都不管吗……"家长说完这句话，我就明白了，孩子的口算题卡没有坚持写，但是实际上，口算题卡属于学生们自愿完成的作业，老师只是鼓励学生们完成，并没有强制要求。

看来问题的症结在这里，我思索了一下，决定还是不出声，因为这时候电话那头的家长，嘴巴好似连珠炮似的，不停地反复责怪老师不负责任，孩子不听话，看样子正在气头上。于是我决定先静静地听一会儿，搜寻家长话中有用的信息，也等他冷静下来再沟通。

过了几分钟，这位家长听见我一直没有回应，好像情绪也稍微平缓了一些，只是还有些牢骚。我依然没有说话，又是十几秒钟过去了，我这边的安静终于引起了家长的注意，家长也不说话了，我知道，我的静听起作用了。

又过了几秒钟，见对面依然沉默没有说话，我感觉时机已经成熟了。这时，我开口跟这位家长说："思雨爸爸，您刚刚跟我反映的问题，我听明白了，思雨的口算题卡没有写，但是跟您说的是已经写完了。您先别着急，口算题卡是数学作业里学生自愿完成的部分，这顶多算是孩子最近学习上有些偷懒，并不是孩子撒谎，可能您对孩子要求比较高，希望她能学习主动一些，但是思雨平时表现一直都不错，您这样把孩子一直以来的努力全盘否认了呀。"听完我的话家长虽然没有立即认同，但是也没有再连珠炮似地跟我吵闹了，而是冷冷地哼了一声。

于是我继续跟家长说："孩子最近学习的自觉性不强，我们可以加强孩子对孩子学习自觉性的培养，老师也需要先跟孩子了解一下情况，我建议您，先送孩子来学校上课，不要把今天的课落下了。课后，老师会跟孩子了解一下，她近期在学习上是不是遇到了困难。然后再对她进行思想教育，如果是孩子的学习态度出现了问题，我们不应该只给予批评，而是先弄明白孩子究竟是因为什么，对学习产生了懈怠，根据孩子的具体情况具体分析，再寻找解决办法，您看可以吗？"家长沉默了一会儿，最终决定先听从老师的建议，将孩子送到了学校。

通过与孩子的沟通，我发现，原来思雨的爸爸平时很忙，几乎不管孩子的学习，妈妈近期身体不适，也对思雨疏于管理，这让孩子的惰性有了可乘之机。今天，爸爸终于有时间检查一下思雨的作业，却发现思雨好几天的口算题卡都是空白的，于是就在家里发了火。我针对思雨最近自觉性不足的问题进行了教育，告诉她水滴石穿的道理，鼓励思雨勤奋学习，希望她能及时赶上大家的进度，在我的鼓励下，思雨郑重地点了点头，向我保证：今后一定不再偷懒了。

过后我跟思雨爸爸再次进行沟通时，说道："思雨的年龄还小，自觉性毕竟有限，所以才需要家长和老师进行监督，对孩子的教育也不是一日之功，而是需要日积月累。希望您回家后能跟孩子好好沟通，遇到问题不要急躁，及时与老师交流，我们一起通过科学的方法增强孩子学习的动力。"

思雨爸爸也为自己的暴躁感到不好意思，不仅连声跟我道歉，也充分肯定了老师的专业素养，保证今后一定多关注孩子的学习情况。

分析指导

有一些家长脾气暴躁，在家庭关系里往往扮演了强势的角色，由于性格原因他们对待孩子缺乏耐心，经常做"甩手掌柜"，把教育孩子的任务甩给配偶或父母，而他们一旦教育起孩子，往往简单粗暴、缺乏方法，不愿付出时间和耐心学习如何科学的教育孩子。如果孩子表现好，他们就会把孩子当成炫耀资本；如果表现不好，他们往往不管事情的前因后果，就会采用"非打即骂"的方法教育孩子。对孩子的心理以及家庭关系等造成了不好的影响。

针对这一类家长，需要教师的沟通智慧，抑制自己想要表达的冲动，即使专业知识储备强大，也不要妄图在此情形下他们能听进建议，此时我们需要"静听"。在我们安静听着时候也可以适当地接上一两句，因势利导，让家长说出更多我们需要的信息。冷处理过后他们往往会冷静下来，这时候才是我们处理矛盾的最佳时机。

沟通感悟

作为老师要有一定的沟通智慧和容人之量，碰到气势汹汹的家长一定要沉住气才行。静听，就是很好的冷处理的方法，如果对方说的话很难听，你可以选择过滤掉，因为这些话往往不是对方的真实想法。

比如，文中的思雨家长接到我电话的时候，不管三七二十一，先发泄情绪，但我没有给予回应，而是避其锋芒，等其冷静下来。其实这时候家长的内心也是很复杂的，生气的情绪已经发泄出来，但是老师没有"接招"，就好比一拳头砸在棉花上，他会反过来思考自己刚说的话有什么问题，这时候，才是我们开口的时机。

当我们能耐着性子静听，体现出作为老师的职业素养，无论多么困难和尴尬的场合都能轻易化解，过后更应该用专业素养和能力帮助孩子和家长解决遇到的问题，这样才能赢得家长的尊重，也为学校赢得良好的声誉和建立良好的形象。

暖心沟通关键词 ㊶
委婉

好词解读

　　"委婉"意思是婉转、不生硬,用来形容歌声抑扬婉转或言词曲折婉转。在表达上,委婉是一种既温和又清晰明确地表达思想的谈话艺术。

　　在与人沟通时,委婉不仅是语言手段,更是一种善意的情感表达。说话委婉是设身处地地站在对方的立场,关心听话人的感受,让听话人更容易认同并接受说话人的观点,体现出一种尊重他人的观念。

暖心故事

委婉动人心

　　"老师老师,张可和王一打起来了……"刚走到教室门口,我们班小聪就冲到我面前对我喊道。什么?听到这个消息我心中一惊,快步走进教室,正好看见张可和王一在教室后面互相抓着对方的领口,张可已经举起了拳头眼看就要挥向王一的头。"住手!"我大喊一声,赶紧冲到他们跟前,使出九牛二虎之力把剑拔弩张的两人拉开。

　　他们俩平时关系挺好,今天为什么会打起来呢?经过了解,原来是王一和旁边的同学传小纸条被张可看见了,出于好奇,张可想看看小纸条上写的内容,王一不同意。张可认为王一不给自己看肯定是因为纸条上写了自己的坏话;而王一坚持纸条上的内容和张可无关,就是不让张可看。就这样两个人因为一张小纸条发生了冲突。其实那张被揉的皱皱巴巴的小纸条上写的是:"放学去我家玩儿。"张可误会王一了。

误会解开后,两人都意识到了自己的错误,相互道歉保证以后不再犯。孩子的纠纷解决完后,我想我也需要打电话把今天发生的事告知两人的家长,我需要让家长配合我来教育孩子。给王一家长打完电话,到给张可家长打电话时,我却犯了难,盯着手中的家校联系簿不知该如何是好。

张可的父母离异,他跟爸爸一起生活。而孩子爸爸因为工作原因长期不在孩子身边,张可基本上由爷爷奶奶照顾。他的妈妈组成了新的家庭,由于平时和孩子见面时间较少,张可妈妈对于孩子存在一种"补偿心理",极度宠溺孩子,吃穿用度都给孩子提供最好的,却忽略了对孩子的管教。张可爸爸联系不上,张可妈妈虽然热衷参与孩子的教育问题,但每次对于我提出的问题,孩子妈妈都避重就轻。

就当我不知该怎么办时,我突然想到张可最近入选了学校的国旗班,可以拿这件事来做一个引子。于是,我拨通了张可妈妈的电话。

"程老师,你好!"电话那边张可妈妈热情地跟我打招呼。"张可妈妈您好,您现在说话方便吗?"我说。"是孩子在学校又犯什么错了吗?我们孩子就是比较淘气,要是他又犯什么错了,我先替他跟您道歉,回头我一定好好教育孩子。"张可妈妈应付我的老一套张口就来,生怕我给孩子"告状"。

我没有顺着张可妈妈的话往下说,而是跟她说道:"张可最近在学校表现比较好,前不久还入选了国旗班,咱们学校能入选国旗班的孩子都是非常优秀的。孩子很高兴,我也很为孩子自豪。"

张可妈妈听我这么说,语气一下子放松很多,很高兴地说道:"那真是太好了,昨天跟孩子视频孩子都没跟我说这件事,周末等我见了孩子我一定要好好表扬表扬他。"

听到张可妈妈兴奋的语气,我知道我的"引子"用对了。我接着说道:"您一定要好好表扬孩子,咱们学校国旗班对学生的各方面要求都很严格,尤其是纪律方面要求更严,您一定跟孩子好好叮嘱一下,在学校要好好表现,严格要求自己,不然犯错误会被"开除"出国旗班的。今天他就因为一个小误会差一点跟同班同学打了起来,幸亏班里同学及时告诉了我,我才拦住了他们,没有造成严重的后果。"我用国旗班做铺垫,委婉地提到了张可今天和同学动手的事情。张可妈妈问我:"今天是怎么回事?我了解一下情况回头好提醒孩子，好不容易参加了国旗班不能因为犯错误被退回啊！"张可妈妈的语气紧张了起来。

这样我自然而然地跟张可妈妈讲述了今天打架事件发生的经过，说："今天两个孩子都没有受伤是万幸，孩子已经认识到自己的错误并且保证不再犯，但我觉得动手打架是很严重的事情，您还要跟孩子再好好谈谈，一定让孩子认识到不能通过暴力解决问题。暴力不能解决问题，反而会让问题变得更糟糕。孩子如果养成了用暴力解决问题的习惯，那后果不堪设想。"

听到我是真心为孩子考虑，张可妈妈接受了我提出的建议，她说："您说的很有道理，我一定会好好跟孩子聊一聊，不能让孩子养成和小伙伴产生问题就动手的坏习惯。""张可妈妈，有您这样正确的引导，我相信张可一定会越来越好的。"我及时表扬了家长。张可妈妈听了我的表扬略显不好意思地说："老师您这样说让我很不好意思。以后孩子有什么事，您一定及时跟我联系，我一定配合您来教育孩子。"

分析指导

在日常生活中，作为教师会碰到这样一类家长，他们对自己孩子的长处、优点、进步赞不绝口，到处夸耀；而对孩子的缺点、错误视而不见，听之任之。这类家长往往在离异家庭中比较常见，因为家庭的破裂，家长对孩子出于愧疚，往往会产生一种"补偿心理"。这种心理使家长对孩子的缺点、错误选择隐藏或者拒不承认，甚至有时候会据理力争来掩饰孩子的"不足"，从而让孩子产生错误认知，影响孩子的心理健康发展。

面对家长，作为教师一定要保持冷静的头脑，要有宽大的心胸，不要在家长维护孩子时马上否定，否则会激化矛盾，让家长不再信任学校和教师。在与家长沟通时，心诚为上，体贴为本，尊重家长的感受，学会委婉表达，能够达到更好的效果。教师要先肯定孩子的长处，与家长产生"共情"，为良好沟通奠定基础；对于孩子的缺点，教师要婉转、迂回表达，点到为止。教师应该多用鼓励的话语表达出对孩子的期待，缓解家长的防御心理，避免产生抵触情绪，让家长感受到学校和教师对孩子的关爱，从而达到共同的教育目标。

沟通感悟

　　与张可妈妈的这通电话让我思绪良多：同一位家长，我只是改变了沟通方式，达到的效果却截然不同。这也让我明白，跟家长沟通不是来给孩子告状的，而是将孩子在学校好的表现及时分享给家长，让家长首先在心情上放松，不会对我的话产生抵触情绪。对于孩子，我委婉地表达让家长更容易接受并配合我共同教育孩子，让我与家长的沟通变得更加顺畅。

暖心沟通关键词 ㊷ 分寸

"分寸"一词的意思是说话或做事的深浅程度,说话或做事应掌握的尺度和界限。

在与人沟通时,保持适当的分寸感,遵守人与人之间的距离非常必要,同时也代表了个人的素质和教养。给予对方充分尊重的同时不插手他人管辖范围之事,不因各式的"拜托请求"而违背自己的原则。时刻谨记自己为人处世的分寸感,这样可以减少许多沟通中不必要的麻烦。

暖心故事

关爱中的"分寸"

"今天明明是他的错,欺负同学引起矛盾,他妈妈还觉得是同学和老师针对自己孩子""上一次他把同学打了,他妈妈竟然还奖励他一百元……"班主任张老师正在描述的是我们班的小卓和他妈妈的故事。这个孩子的家长非常个性化,有非常高的自我优越感。当自己孩子与其他孩子发生矛盾时,坚信是自己的孩子受了委屈(真实情况却是大部分时候都是他家孩子的错)。哪怕当老师因为孩子某些问题加以说教时都会认为是老师冤枉了孩子,甚至认为是老师对他家孩子有成见而故意针对,还做出过给老师录音挑错的疯狂举动。班主任屡次因为他的事情跟班上其他孩子和家长进行沟通解释,跟学校报备,可谓是苦不堪言。李卓的家长似乎有些被害妄想的倾向。长期在家长这种教育和影响下,李卓也变得非常"另类",不尊敬老师,和同学相处时总是以自我为中心，异常霸道不好沟通。每次与他家长沟通时我都非常注意措辞和方式方法，不能给对方留下一丝一毫的把柄和可趁之机。

有一次学校组建校级社团，李卓非常想参加，但没有被社团老师选上，他和家长都心有不甘。这种情况下应该是先与班主任取得联系，再通过班主任与社团老师沟通。而他妈妈因为对班主任之前处理的事件不认可，我又是这学期新接班的数学老师，年龄资历都稍长于班主任，所以跳过班主任，直接跟我私信："老师您好，不知道您现在有空吗？李卓非常想参加学校的社团活动，他平时也对体育、围棋感兴趣，他特别想在社团里和同学们一起交流，您看能帮帮忙吗？"虽然言辞非常诚恳客气，但我知道她是想走捷径，而我必须坚持做事的原则不能让她觉得有机可乘。首先我对她所反映的事情表示了很大的关心和询问，同样语言措辞非常客气，以显示我对她的尊敬和重视，从而让对方没有那么防备和抵触，为接下来的谈话做铺垫。然后我详细地询问了事情的经过和选拔方式，表达我对孩子的关心，但我没有表现出我要帮他进社团的意思。"李卓最近课上表现有进步，听课认真多了。"我顺势与她交流了一下最近孩子在校的表现，在表达出我对孩子的关心和关注让她充分感受到老师从各方面都非常关注和爱护她孩子后，我随即表达出自己的为难："社团不是我负责的工作，贸然插手不太合适，您可以先跟班主任反映孩子的需求，再由班主任去和相关社团老师联系。"在与家长的沟通中我时刻把握分寸，关心但不失本心，坚持了原则但不让对方尴尬，给予家长足够的尊重和余地，避免让家长心存埋怨。

分寸帮我守住底线，巧妙化解家长的不合理诉求。这种沟通方式更加委婉，比直接拒绝她效果好得多。随后我又把李卓家长的诉求详细的和班主任进行了汇报，充分做好应对家长进一步要求和沟通的准备。把握分寸是家校和谐工作的前提。

分析指导

在与这样的家长进行沟通时需要教师把握好"分寸"。与家长沟通时，无论对方的态度做法如何我们一定要注意分寸，并且态度温和，让家长感到我们给予对方足够的尊重和重视。一定程度上了解家长内心不平、挑刺和抵触的心态，便于进一步的交流沟通。在与家长的交流过程中以礼相待的同时要坚持自己的原则，不要因为家长的态度而改变我们工作的原则。让家长充分认识到老师公平、公正、合情合理的工作原则。在家长感受到我们的态度后伺机解决问题矛盾，注意选择委婉的语气和方式，尽量不要正面激化矛盾。我们可以从维护孩子、关注孩子成长等方面切入主题，让家长真切感受到老师对自家孩子的爱，从而放弃与老师的对立。

沟通感悟

我们在与这一类家长沟通时一定要给足他们"面子"，但又要注意分寸，不要硬碰硬。注意一定要先说孩子的进步和优点再伺机提出孩子需要改进的地方，而且每一条都要有理有据、无懈可击。同时作为教师也要在大家以礼相待的基础上去交流，要时刻保持严谨的态度，保留自己做事的原则，巧妙用语，多与家长沟通孩子的实际表现，让家长体会到老师对孩子的关注和关心，这样家长才会真正信服老师。

暖心沟通关键词 43

肯定

"肯定"是指对事物持确认的或赞成的态度,与"否定"相对。

为了满足教育教学的需求,学校与学生、家长之间要经常进行沟通。家长都渴望在与老师沟通中得到肯定,当得到老师的肯定时会更积极主动地继续交流。沟通中,家校双方的相互肯定也会成为沟通的润滑剂,让沟通变得更加顺利、高效。老师在认真倾听的同时,肯定对方正确的想法和做法,让对方感受到来自他人的理解认可,从而使沟通更顺利地开展下去,最终会使沟通达到事半功倍的效果。

暖心故事

一条"作文式"留言

橙橙是我们班级默默无闻又与众不同的一个成员。6 岁的橙橙积累了丰富的课外知识,语言表达能力也很棒,但他的个人卫生习惯较差,班级中唯有他的桌面和附近的地面经常是一片狼藉。

寒假里的一天,我收到了橙橙妈妈给我在微信上的一条"作文式"留言。"这是出啥大事了?"我一边想着,一边坐了下来一字一句地读起这条留言,可是没等看一半,电话响了。我定睛一看,不是别人,正是这篇"作文"的作者。此时的我,毫无心理准备,只能先静下心来耐心倾听。电话那头,橙橙妈妈的声音有些低沉,她委屈地说:"老师,您知道我的工作很忙,但我坚持每天上班前给孩子布置一些学习任务。"我说："您作为家长是认真负责的，怪不得橙橙知识那么丰富。""起初孩子会按照我的要求完成任务，可昨天我下班回来却发现孩子一个字都没有写，于是我心中的怒气一下子上来了，把正在和小伙伴玩耍的橙橙揪了回来。"橙橙妈妈说道，随后沉默片刻。听到这里，我眼前仿佛出现了当时的场景，心也不由得跟着橙橙紧张了起来。我说："您忙了一天工作，一回家又得管孩子学习，还得做饭，真是超人妈妈。"

聊到这里，我想起了橙橙妈妈此前和我沟通时曾表达过爸爸和妈妈在育儿理念上有很大分歧。可作为橙橙的班主任，我知道孩子需要关注的不仅是学习，还有行为习惯养成、亲子关系等都需要家长多关注。但是面对这样一位从小就是学霸的家长，我应该怎样和她说，她才能听得进去呢？我想：一定不要我把观点强加给家长，而是要先如刚才那样肯定她的初衷和部分想法，再引领家长在沟通中自己发现问题，在问题中分析原因，相信明确了原因后问题也就迎刃而解了。

于是，我把话题转移到了聊家常。我快速搜索头脑中与橙橙有关的画面，同时翻看手机中的一些班级学生的作业照片、活动照片，以此来帮我回忆橙橙在学校的表现。在肯定孩子的过程中，我也在变相肯定妈妈的教导有方和用心良苦，我诚恳地表达对家长的赞赏："孩子这么喜欢阅读，与您的教育有很大关系，您给孩子买了那么多他喜欢的书，把他养成了一只可爱的'小书虫'，大量的阅读对他是一种良好的滋养。"在交谈时，我们也会发现一些共性问题：学习习惯问题、卫生习惯问题、亲子关系问题。

在接下来的聊天中，我问："橙橙妈妈，平时都和孩子聊些什么呀？"橙橙妈妈说："孩子不愿意和我说学校里的事情，我们一般都是说关于我给他布置的学习内容。"我继续问："那您和爸爸休息的时候都会陪孩子做哪些事情啊？"橙橙妈妈说："爸爸有时候会陪他在公园玩。"我连忙表达赞许："太好了，男孩子需要父亲的陪伴，一定让爸爸尽可能抽时间陪孩子进行户外运动。"橙橙妈妈，通过我们这几次的沟通，我感受到您非常重视孩子的学习成绩，我还想了解一下您在给孩子布置任务的时候，是和孩子沟通后确定的还是直接按父母想法确定的？"这时候，家长自己已经发现了问题背后的症结所在。

橙橙妈妈在电话将要挂断时说："老师，我突然意识到教育不是'我要你成为什么样'而是'我愿意陪伴你成为什么样'，对于孩子的学习我有点心急了，毕竟孩子才 6 岁，他在很多方面都需要关注。"在我们的沟通结束前，我再次对妈妈的话语作出回应："能遇到您这样的好妈妈是孩子的福气，我们一起努力，共同关注孩子在各方面的成长进步。小学阶段，孩子的身心健康发展，对学习兴趣的保持、良好习惯的养成、和谐的亲子关系都很重要。"

分析指导

在与家长沟通过程中，我们发现有些家长认为成绩就是培养孩子的指挥棒、成绩代表一切的错误想法。他们十分关注学习的结果，认为成绩是最重要的，如果成绩不好孩子的一切就会被全盘否定。他们通常用过高的标准去要求孩子的学习，但缺乏学习兴趣和学习习惯的培养。考好了就表扬，不好就训斥，孩子的努力和进步常常被忽视。家长也不太理会孩子的兴趣爱好，一切都要给学习让路，不能占用学习的时间。他们通常认为孩子的其他能力都没有学习重要，例如当孩子与同伴发生矛盾时，他们往往不会重视，忽视社交能力的培养。这样的孩子性格往往比较孤僻，且亲子关系容易出现问题。

在沟通中，面对这部分家长，教师需要给予适当的"肯定"。基于对家长文化水平的了解，教师应在沟通中用通俗易懂的话语亦或尽量应用专业词汇，让家长听懂是保证有效沟通的前提。在沟通中，教师要先表达对家长"望子成龙，望女成凤"的理解，肯定家长关心孩子学习是个负责的好家长，这时候家长更容易卸下心中的铠甲，敞开心扉；但教师自身要弱化对学习成绩的关注，尽量不提及，避免火上浇油，也避免让家长误解"老师只看成绩"；接着，教师可先肯定家长着眼于孩子的成长进步和长远发展，这时将正确的教育观慢慢传递出来，体现出关注学习过程的必要性和重要性，根据家长的反应把握沟通节奏，切忌一股脑儿地说出自己的想法；最后，教师和家长要一同商量如何帮助孩子在学习方面取得进步，在这个过程中要有意识地引导家长关注孩子学习过程中的态度、方法、习惯、能力等方面。

沟通
感悟

　　通过这次深入沟通，也让我深刻地体会到面对这部分家长，我们要坚持倾听为主，过程中要表达作为教师对家长的理解，鼓励家长敞开心扉继续进一步沟通交流。同时，与这类家长沟通要耐下心来，不能直接给出指导意见，以免让家长反感或者产生戒备心理，一定用中肯的话语肯定家长在家庭教育中部分正确的理念或者言行，不可全盘否定。最后，教师顺势引导家长参与讨论分析中，让家长自己发现问题才是解决问题的关键。

暖心沟通关键词 44
鼓励

"鼓励"的意思是激发、勉励,也指振作精神。不论我们身处顺境或者逆境之中,得到别人的鼓励都是一种认可。鼓励可以让我们拥有向前迈进的力量,让我们相信自己的方向是正确的,让我们心怀希望继续前行。

鼓励不止针对于学生,也应给予家长们参与教育的鼓励与认可。家长对孩子的教育一定是经过深思熟虑后,就家庭现实情况来讲,采取的最切实可行的方法。拳拳爱子之深情,全心全意为孩子所付出的家长们也应在教育中得到一定的鼓励和认可。

一句话的力量

从教三年来,我见到过许许多多的家长,他们让我看到人生百态、生活各异。尤其疫情期间,与家长的电话沟通变多了,没有地域限制,电话时间也变长了。沟通中让我特别注意的是,班里的多子女家庭比较多,家长对孩子的焦虑感不断攀升。

因为疫情影响,线上授课大势所趋,这对多子女家庭的影响就更大了。家长们既需要忙工作又要照顾孩子,在这一期间要看顾的还不止一个,他们心中的焦躁、委屈、懊恼无处发泄。甚至,随着与孩子的朝夕相处,家长们关注孩子越多就会发现令他不满意的地方越多,于是对孩子进行喋喋不休的教育。心情好时，还能讲求民主意见，给予孩子快乐。但当处于特殊时期，所有情绪烦恼堆叠在一起时，便控制不了自己的情绪。明明知道这样的念叨孩子不会听，但是还是控制不了自己，忽视了这样对孩子的情绪影响，忽略了孩子的内心感受。在事后家长会陷入自责与后悔，充满懊恼与无奈。正如小明妈妈一样。

小明是家里的第二个孩子，他有一个正在上初中的哥哥。小明的妈妈既需要忙工作，又需要照顾孩子，在疫情期间，她沉浸在深深的无奈中。这天，我们又在电话沟通，小明妈妈情绪又激动了起来，带有怒气，她向我诉说着孩子居家时的调皮和她的担忧。她着急地说："我真盼着疫情快点结束！最近和小明的朝夕相处，我发现越关注他就越头疼，懒散拖沓不认真、看起手机电视没完没了，怎么说都不改，存心想和我对着干一样。您说我怎么办呢？"

她常在电话里向我诉说自己的辛苦付出和孩子的不服管教，"我起早贪黑忙里忙外为了谁，他还这样不争气，还要和我对着干"，家长觉得自己为孩子付出却不被孩子理解，这使得他们陷入到深深的苦恼中。

我听完她的话后，对她说："那您先深呼吸三次，平复一下。"过了一会儿，我柔声对她说："孩子现在正处于第一个叛逆期，这个时候情绪也会变得敏感，我们要给予孩子更多耐心和关注。这段时间您也在很用心对待孩子的一切，有您的陪伴小明其实是有进步的，答疑课时也会会积极回答问题，这都要归功于您对他的严格要求。但是小明妈妈，我们还需要再给孩子一些耐心。我曾经问过他的想法，为什么又惹妈妈生气了？孩子对我说：'哥哥学习好、体育好、纪律好，什么都好，什么也都比我好，我妈只能看到他的好，看到我的不好。'两个孩子之间也存在着比较，我们可能不轻易察觉，但是孩子却很直观就感受到了。"电话那端沉默许久，小明妈妈长长叹了一口气。我又接着对她说："小明妈妈，您现在意识到了问题，我们又及早地找到了原因，这不是很好吗？这说明您看问题是很敏锐的呀，有问题我们及时解决就可以了。但小明就是小明，现在他需要您的鼓励和认可，我们要多去发现他的长处，并发挥他的长处。他很懂事，也很爱您，他不希望您辛苦，每天都早早来到学校，安静自习，他知道您也要早早上班。您为他做了好榜样，勤恳努力，您是一位好妈妈。放平心态，再去试试和孩子沟通。您多心平气和地和他谈，你们的关系就会改善，相互理解再多一点，问题就慢慢解决了。"小明妈妈认真地答应了："我一定再耐心点去理解他，也多去夸他鼓励他。"

后来，在课后休息时，小明很开心地和我分享被妈妈表扬的喜悦，他非常骄傲地告诉我说："老师，我最近可有进步了！妈妈说我在学习上只要再仔细认真一点，很快就会超过我哥哥的。她还总夸我做饭很好吃。"她的笑容多了，我也很开心。"

我认为这是小明妈妈用心做到的最好的教育，她和孩子一样也在慢慢进步，慢慢成长。鼓励的力量让快乐像花一样绽放。

分析指导

随着国家生育政策的开放，许多家庭会迎来多子女，这也意味着多子女家庭将逐渐增多，那么这类家庭面临的教育问题也会接踵而来。

这样的家长在面对生活和孩子教育等多重压力下，都会有心情烦闷的时候。作为多子女家长，他们能够在最大范围内使个人经历和孩子的成长需求得到匹配，但是在教育过程当中有时会出现因时间精力不足忽视了孩子的身心健康。

针对这样的家长，我认为应采用鼓励式的沟通方法最有效。因为他们承受的压力大，正处于上有老下有小的生活中，不论是工作还是孩子的教育都让他们焦躁不安，每天忙碌奔波，缺乏鼓励肯定。

作为老师，我们要先安抚家长的情绪，倾听他的想法，家长爱孩子，为孩子进行长远考虑是没有错的，应该得到鼓励。再要排解他们的急躁情绪，先听听家长的倾诉，让他打开心扉，宣泄负面情绪，并予以家长一定的鼓励，承认他们的付出，肯定他们在教育子女过程中的得当之处。接着为家长梳理脉络，找出家长与孩子的矛盾点，为家长提供帮助，比如一天只说孩子一件事或一天只给孩子一个指令。孩子做到家长的要求后，得到鼓励的家长也要给孩子一些鼓励。这样的鼓励沟通就形成了有效的闭环。

沟通感悟

作为教师，我们要理解孩子的想法，与学生换位思考，相互理解鼓励。同时也要顾虑家长的烦恼，及他人之所急。引导家长把他的忧虑烦恼倾诉出来，给他一些善意的鼓励。我们与家长因为孩子而结缘，在这紧张快节奏的生活中，我们与家长也是联系密切的人，是有交集、互相影响的人，并且我们都有一个坚定的目标——为了孩子好。

工作的压力、生活的琐碎、孩子的教育让所有成年人步履维艰。一些鼓励的话语，就像是久旱甘霖、滋润心田。家长操劳的心得到了理解，辛苦的付出得到了认可，他们才会感觉到生活的善意，才会有重振旗鼓、继续前行的力量。

老师们要善于换位思考，找到家长在处理孩子教育和生活问题中的闪光点。对家长们好的教育行为或者采纳建议后的进步都要进行鼓励，同时对孩子的表现多和家长沟通，促进亲子关系的融洽。引导家长多关注孩子的优点，增加家长对孩子的多角度认知，在相互了解中，家长与老师会建立更加紧密的关系，我们才能制定共同目标，相互鼓励，相互扶持，共同向前迈进。

老师将鼓励给予家长，家长把理解给予孩子，孩子将快乐带给学校。一句鼓励，推动我们的双向奔赴，让我们有力量面对未来，继续前行。

暖心沟通关键词 **45**

渗透

"渗透"是指某种事物或势力逐渐进入其他方面。比喻一种事物或思想逐渐进入其他方面。

在沟通中,渗透是一种无声的滋润,像春雨无声无息地滋润干燥的大地。当沟通双方无法达成一致时,更要善用沟通方法,寻找双方共同的目标,用更温和的方式达成一致。

暖心故事

我与"海归"家长

周周是一个聪明调皮的男孩,在课堂上有时调皮地找起了后桌同学的麻烦;课下喜欢搞一点恶作剧,看到同学着急的样子,他就会偷笑。因此经常有同学跟老师告他的状。周周的学习成绩并不优秀,人际关系也比较边缘。

这天上课时,周周又不安分了,偷偷拿起手中的画笔,在书上画起了涂鸦,给书中的插画"添砖加瓦",绘出了另一篇故事,我发现后叫他回答问题,他却不知道在讲什么。为此,我费尽了心思:起先我找机会鼓励他:"周周你真棒,只要上课认真听讲,一定是反应最快的!"结果效果并不显著;后来我又批评他:"周周,班里每个孩子都在认真听讲,你也要注意,不要一直调皮。"然而,对于批评他却不以为意,还振振有词,说这是自己的兴趣爱好,老师不能剥夺。面对学生这样的反驳,我意识到要想扭转孩子的想法需要家校合力。于是我和周周妈妈就有了第一次谈话。

"周周妈妈,孩子在课堂上总会有一些小动作,不仅自己听课效率不高,还会影响其他同学。"周周妈妈听完不紧不慢地说："孩子确实很活泼，但这也证明他创新能力强，好奇心强，课堂上一点点调皮没有关系，我们家不想把孩子培养成只会考试的机器，我们对孩子的宽容是很高的。"

面对周周妈妈的回答，我知道无论怎样描述，周周妈妈都听不进去，我决定先顺着她的思路，让她对自己不那么抵触。"周周妈妈，孩子的创新能力的确很强，他的手特别灵巧，一张纸、一块泥放在他手中三两下就能变成优秀的工艺品！"这样的说法瞬间拉近了我和周周妈妈的距离，她拿出手机向我展示了很多孩子做的手工，并且邀请我去家访，亲眼看看孩子的手工。

第二次沟通是在周周的家里，我如约而至，在家里和周周的爸爸妈妈相谈甚欢。周周妈妈带我来到周周的房间，骄傲地说："老师，您看，这一整个柜子里都是周周的手工作品"。柜子上摆满了各种手工作品，有动物、有植物，还有一些科幻电影中的形象。这些作品，有用铁丝拧的，也有用积木搭成的，还用彩泥捏成的，各色各样，琳琅满目。我不由地赞叹道："真没想到他的手这么巧，这方面我要向他学习。"之后再谈话周周父母的态度更柔和了。周周妈妈主动谈起了孩子做手工的专注和细致程度，这正合我的心思，随之就对她说："周周妈妈，我认同您的观点，孩子无论在做什么、学什么，专注力是一个重要的能力，您看孩子的手工做得那么好，证明他的专注力水平很高，如果这样的专注力能够得到充分的应用，放在课堂吸收上，放在作业质量上，那孩子该会多么优秀啊。我能理解您有一定的国外教育理念基础，但是这并不等于家长和老师撒手不管，反而更需要家庭付出更多的努力培养学生，对于知识的学习，也需要学生付出超乎我们想象的努力，这样才能真正的成才，周周的专注力您培养的很好，千万别浪费孩子的才能啊！"听了这样的分析，周周妈妈也发现，自己虽然在美国生活过，但是对于教育只是停留在自己的自以为和表象上，并没有真正研究教育的内在原理，一直以来自己也有很多的误区。见她态度缓和，我接着说："咱试一试，看看孩子有没有变化，今天咱们两个达成一个一致，和孩子定好规则，课堂不许随意捣乱要好好听讲，课下要和同学们好好相处，不做恶作剧，过一段时间我们再观察一下孩子的变化好吗？"见此，周周妈妈也点头认同。过了一个星期，我和周周妈妈经常会沟通孩子在学校的表现，"孩子今天上课特别认真""今天孩子的作业全对，而且字迹清晰美观，太棒了""周围的同学都对周周有了很大的改观，都很喜欢和他玩"。就这样孩子在同学和老师的夸赞中更加严格要求自己，半年后就被全班同学评为三好学生，周周妈妈也改变了自己的理念，我们一起家校合力，让孩子变得更加优秀。

分析指导

在教育工作中，老师经常会遇见事业有成、学历较高的家长。他们对孩子的教育有自己的想法，并且在家庭教育中坚定地践行着自己的教育理念。因此，他们也希望老师能按自己的教育理念教育孩子，即使有一些理念与老师不一致，也希望对方能听从自己的理论。在交流过程中多表达、少倾听，他们总想以指导者的身份出现在孩子生活和学习中，甚至对老师的工作也加以指导，难以听取并接受别人的建议。

教师在与这类家长沟通过程中要放下老师的架子，倾听他们的理念，这样才能发现家长理念中的优缺点，认可并支持优秀可行的部分，拉近彼此的距离；再委婉地提出他们理论中需要改进的地方，以专业的知识给予更好的建议，从而在不知不觉中将自己的教育观念渗透到家长观念中。

沟通感悟

作为一名老师，有时候会因为自己的教学经验自然而然地认为自己应该处于指导别人的角色。当有家长想要指导老师时，就容易出现误会和矛盾。但只要我们能静下心来，就会发现有自己的教育理念的家长正是负责任的家长，他们认真思考过教育这件事，认真对待孩子，虽然可能有一些误区，但只要我们稍加引导，在谈话中将自己的观念渗透到家长的观念中，在无形中达成一致，润物无声，就能形成更有力的家校合力。

暖心沟通关键词 **46**

支持

"支持"一词是指表示鼓励或援助的意思。在与人沟通交流时，支持往往代表着友好、善良的态度。当你对他人表达支持时，无疑是向这个人传递了你对他的善意并成为精神上的支撑，而对方在感受到被支持以后，也能从中获得认同感，汲取力量，从而更加投入去完成他所需要做的事情。因此，支持是沟通中不可或缺的一部分。

暖心故事

一声"我愿意"背后的故事

你遇到过这样的家长吗？他很热情，与他的每一次交流都能从他身上感受到满满的活力，他总是乐意配合你的工作。我就遇到过。与他最令我印象深刻的一次沟通还是为班级学生购买班服的那件事。

一次，学校要组织集体活动，班里的孩子们都兴奋地出谋划策。有的想增加特长表演，有的提出自己制作活动道具，还有的认为同学们可以统一服装，为自己的班级加分。

统一服装的想法一提出，我内心是赞同的。统一的班级服装既能增强我们的班级凝聚力，又能让孩子们更加爱自己的班级，更有归属感。但这件事该如何办呢？作为班主任，我很乐意为班级服务，可买班服这件事并不好做。首先，这么多孩子和家长一定有很多想法，该如何统一？第二，这么多衣服，买好了寄到哪里？第三，店铺该选哪一个？家长们会误会我跟店铺私下有交易吗？这涉及最敏感的问题——钱，一旦处理不好，可能会引起误会。

课间我在班里愁眉不展，班里的亮亮注意到了。听了我的烦恼，他主动说："许老师，这件事就交给我妈妈吧！"听了亮亮的话，我先是一喜，后又犹豫，我知道亮亮妈妈平日工作很忙，她有时间来做这件事吗？她愿意做吗？

直到下班时，我还是没想好到底怎么办。一通电话打来，原来是亮亮妈："许老师，我听孩子说，咱们班想为班级活动准备统一的服装？这事你打算怎么办呀？"听她问得诚恳，我就吐露了心声："亮亮妈妈，不瞒您说，这件事我确实没想好要怎么办。"沉默了一下，我心想，何不问问她的意见呢？于是我问道："亮亮妈妈，您看您有什么好方法吗？"她回答说："许老师，我知道这件事你不好办，你要是来组织可能出力不讨好呢！如果你放心，就把这件事交给我来做，我很愿意为咱们班级出力！"亮亮妈妈的热情和真诚一下子感染了我，我暂时放下之前的担忧，对她说："感谢您伸出援助之手，我非常乐意、也非常支持您来做这项工作！"

之后的一天，亮亮妈妈都没有再联系我，我有点担心她会不会因为工作太忙把这件事给忘了，毕竟活动还有一周多就要开始了，班服确实要尽快购买。之前被我忽略的担忧再次涌上心头，可我又想到自己说的话。我想：我既然说了愿意支持她，何不多给她一些时间呢？思来想去，我最终只是在微信里给她发了一个"辛苦了，加油"的表情包。

很快，时间来到第三天上午，亮亮妈妈给我打来了电话。她兴冲冲地对我说："许老师，买班服的事搞定了，现在就等着收货啦！"我惊讶极了，连忙说："这么快就完成了，您真能干！太感谢您啦！"亮亮妈妈又跟我分享了她做这件事的详细过程："我怕直接在家长群统计会影响你的工作，所以私信联系了班里每个孩子的家长，让家长们给班服款式投票。虽然大家有不同的意见，但是少数服从多数嘛，这样就选好了款式。之后我用共享文档统计孩子们的尺码，又按定好的款式找店铺。"听到这我心里"咯噔"一下，这一步弄不好，亮亮妈妈可是要落埋怨的。似是知道我在想什么，亮亮妈妈说："许老师你放心，这个店铺也是家长们集体投票的，我还跟店铺谈了优惠价格呢！衣服寄送过来以后暂存的地方我也找好了，你要是需要，活动当天我还能给你联系几个家长，大家一起到校门口给孩子们做妆发造型，你看怎么样？"不到三天的时间，亮亮妈妈就做完了这么多事，这令我万分惊喜！

活动过后我们又说起这件事，亮亮妈妈对我说："许老师，既然你这么支持我，我也要对得住你的支持，这件事就算再怎么不好办，我也一定要办好！"听到亮亮妈妈的话，我既感动又有点不好意思，在这件事里，我除了表明"支持"的态度什么也没做，心里一度担心这件事做不好，但亮亮妈妈却因为我的一句话就全心全意地对待这个"任务"，这怎么能不令人感动呢？也是因为这件事，在与亮亮妈妈接触的过程中，我们始终保持了友好、信任、支持的态度，这也为我们顺利的家校合作打下了良好的基础。

分析指导

工作中你可能会遇到这样的家长，他们主动热情、做事积极。从沟通中可以发现，这种家长的家庭成员之间相处和谐、融洽，对孩子的态度以鼓励和信任为主，对孩子的想法能够积极支持；对待孩子的缺点和错误，能够正确引导，既能够及时批评指正，又不会矫枉过正。他们很关注学校教育，不仅支持孩子积极参加学校组织的各种活动，同时其他家庭成员也愿意参与其中。他们为学校或老师献言献策，主动克服困难，积极热情，乐于为集体服务。

与这样的家长沟通时，我认为需要表明自己支持对方的态度。家长在教育孩子时方法是正确的，对孩子的态度也是以鼓励和信任为主，对学校组织的活动也热衷参加，对教师的工作非常支持，因此教师应该以支持的态度对待家长。我们常说信任是开启心扉的钥匙，诚挚是架通心灵的桥梁。在这个基础上，支持对于家长来说也同样是不可或缺的。用支持的态度和方法与家长沟通，既能让家长收获到对学校、班主任的热情的反馈，又能让双方的沟通更加顺畅，事半功倍。

沟通感悟

经过这件事，我深刻感受到了与家长交往、沟通的方法之一——支持。在家校沟通中，支持的态度非常重要。的确，老师和家长有时候想要做到互相支持并不容易，大多数时候老师和家长双方在接触过程中往往态度都很克制，既不会过于热情，也不会过度冷淡，这对于家校关系和谐是有一定好处的。但当你遇到热情待人的家长时，不妨尝试对他们表明支持的态度，只要这份心意能被家长感受到，他们一定能用相同甚至更多的热情与支持来回报你。

暖心沟通关键词 ㊼

信任

好词解读

　　"信任"是信赖、相信的意思，可以表示为对别人相信并加以任用，也可以说是彼此之间的信赖。心理学认为，信任是人格特征和人际现象，个性不同，信任程度也不同。艾青在《大西洋》中写道："我们信任他们，像信任自己的良心。"信任是人与人最基本却又最难实现的事情，能被信任是一种难能可贵的幸福。我们要有信任他人的能力，更要有被信任的魅力，老师要深入学生和家长的内心，让信任之花绽放。

教一只"小鸟"学会飞翔

　　"离开了情感，一切教育都无从谈起。"沟通是搭建桥梁的砖石。新学期刚接班，我就在班里发现了一个总是特别"安静"的小姑娘——小可。

　　她平时总是睡眼朦胧的样子，尤其是上课更是一问三不知。于是我开始不动声色地观察起了小可，她并不是一整天都浑浑噩噩而是上下课模式"自动切换"，下课时看不见她有半点疲惫的样子，叽叽喳喳像鸟儿一样欢乐。可到了上课就又好像一只泄了气的皮球趴在桌子上。看来学校并没有给她带来学习知识的快乐，反而像是一场难熬的战争。尽管我上课多次提醒过她，小可还是油盐不进。在掌握了她这段时间的学习动态之后，我觉得是时候联系家长了。

　　"小可妈妈我想和您聊聊孩子的学习状态……"果不其然孩子妈妈还没

等我说完声音就激动了起来，说："老师您这个电话打得太及时了！我昨天看了她的作业本，错了一大堆，肯定是她自己上课没听讲啊！"果然，家长也发现孩子出了问题。"老师，我昨天让她把错题改了，可这孩子是个牛脾气，说什么都不肯学习。"家长能在沟通中将自己的困惑讲出来代表向我发出信任的信号，我亲声地向小可妈妈解释道："小可妈妈，这个阶段的孩子自主意识逐渐强烈，对师长的正当干涉感到反抗抵制。所以我们一定多听孩子的想法，让孩子先能理解再谈行动。"达成一致后我鼓励小可妈妈今晚不妨就和孩子谈谈心。

第二天我早早进了教室等小可，没想到孩子肿着眼睛来学校了。我心里一惊，赶紧把孩子拉过来问，小可声音哽咽着说："老师，昨天妈妈发火打我了。"坏了，一定是因为我的那通电话，孩子疑惑的表情不像作假，看来有必要再和小可妈妈进行有针对性的沟通了。

"小可早上眼睛肿了，发生什么事了吗？"小可妈妈急得快要掉眼泪，痛苦地说："我昨天本来是想心平气和地和她沟通的，可是最后还是吵起来了，怎么问她都不好好回答，就说不想学习！"家长焦虑的情绪传染给了孩子，小可喊道："我根本就做不好这些事！"很多时候大人教育孩子都是在有情绪的情况下，可是有情绪时的教育不是教育，这时的孩子只是你情绪发泄的垃圾桶。

我想起来小可学期初的心愿卡曾写道："希望能帮助妈妈，不让妈妈那么累。"我提起这件事小可妈妈露出个笑容，说："她是懂事的孩子。"我柔声地问："那为什么妈妈的事你都主动帮忙，自己的事却不愿意做好呢？"孩子不好意思笑出了声，说："老师，因为妈妈说我太懒了。"小可明明是笑着的，但她的眼睛却不受控制的直愣愣盯着地面。这哪是心里话啊，明明是孩子无助的自嘲。

我摇了摇头，认真地看着小可的眼睛问："小可你说如果一只初生的小鸟飞得摇摇晃晃还总是从树上掉下来，它是因为懒嘛？"小可清澈的眼睛望着我说："肯定不是啊老师，它还不会飞呢！""对啊，你也像这只小鸟，你不懒，只是我们需要找一找正确的学习方法了。"小可妈妈愣了一下，也赶紧接着我的话说："对，妈妈只是希望你能做的更好才要求你一遍又一遍做，是妈妈错了。"孩子明显高兴了，眼睛也终于抬起来看我和妈妈了。

这次家访后小可学习的精神头都有些不一样了,虽然有时还会走神,但是错的作业渐渐有了回音,上课偶尔也举手,这一点一滴的转变,让我甜在心里,我也尽可能地去夸奖她每一个小小的进步,时常给她妈妈打表扬电话,鼓励这位关心孩子、信任老师的妈妈。

期末复习时小可突然给了我一张工工整整手抄的卷子,想让我再给看一遍,我才突然发现已经有一段时间没有再留她单独补习了。我开玩笑地说:"不会是妈妈让写的吧?"孩子羞涩地告诉我是自己想写的。我激动得几乎跳起来,赶紧给她妈妈分享了小可的进步,小可妈妈跟我说自从上次沟通后她的焦虑缓解了很多,孩子也不那么紧张了,孩子发现老师对她的表扬越来越多,同学自发组成了一个学习小组帮她进步,学习已经成为一件令人愉悦的事,还跟我讲了孩子在家努力学习,她拦都拦不住的故事,让人啼笑皆非。

在家长止不住的感谢中,我一时思绪翻涌,想起学期初小可妈妈给我转述孩子的一段话,她说不想学习,因为觉得学习没有用,没有人爱她。我当时触动很大,一直在思考是否向她表达出了我的爱意,但通过这次沟通我相信孩子能感受到我对她们的信任和支持,而家长也一定会因她对老师的信任收获应得的美好。

分析指导

愿意信任老师的家长往往能在教育孩子的过程中少走弯路。他们对孩子的学习上心、爱子心切但有时方法不当,他们急于从老师身上获得更有用的方法,经常与老师沟通交流孩子的情况以及教育方法。他们能够与其信任的老师积极配合,愿意听老师说孩子的一些日常情况,相信老师的教育教学方法,主动践行老师的建议,积极教育孩子,是"亲其师,信其道"的代名词。在与这类家长相处时我们要多关注家长的情绪表达,从中找出家长在家庭教育中存在的问题,分析孩子存在问题的成因。

而在信任这一关上,就需要老师在平时花费精力深入了解学生的情况,抓住学生和家长的心理直击痛点,给予家长能够践行的方式方法,舒缓家长紧张焦虑的心情。由于家长的配合度高,所以我们在沟通时要注重引导家长的教育教学方法，指出存在问题的地方，但也要肯定家长的信任和配合，增强家长的自信心，鼓励家长坚持践行正确的教育方式，培养学生良好的学习生活习惯，让学生在家长老师的共同指导下努力变得更好。

沟通感悟

其实教育的本质是唤醒，是一棵树摇动另一棵树，一朵云追逐另一朵云，一个灵魂唤醒另一个灵魂。面对家长的信任，我始终认为不能辜负这一片赤诚。也许就是不经意的一句话，或是一次深入肺腑的家校交流，你就能改变一个孩子，转变一个家庭。看着家长和孩子的一张张笑脸，你会被信任所温暖，在这明媚的阳光下搭建一架爱的桥梁。希望我能通过今后的努力更多了解学生，真正达到教育一个学生，带动一个家庭，影响整个社会的教育效果。

暖心沟通关键词 48
坦率

好词解读

　　"坦率"是一个实实在在的褒义词,通常形容人的性格、讲话的方式、为人的特点。经常会听到"坦率讲……"这是诚实直率地表达自己的真实想法。

　　在沟通中,通过坦率这种开诚布公的交流方式,让双方讲出自己内心最真实的想法,能高效地让双方认识到问题所在,又快又彻底地解决问题,是一种健康的人际关系的体现。

暖心故事

田田家庭作业的时间规划表

　　晚上 11 点多,班级的家长群弹出一条消息:"孩子的作业太多了,辅导了一整晚,终于完成了。"我一看是田田的爸爸发来的消息,很显然是家长在抱怨作业多。我马上回复他:"田田爸爸,已经很晚了,为了不打扰其他家长休息,我们私聊吧。"

　　不一会儿,田田爸爸的电话打了过来,首先对在群内发的消息抱歉,然后道出了心中真实的想法,一是想了解一下班级其他同学有没有写作业到这么晚,是因为作业多还是自己孩子写得慢;二是想寻求老师的帮助,如何让孩子提高写作业的效率。对于家长的问题,我首先劝家长稍安勿躁,时间已经很晚了,先安排孩子睡觉,希望能和家长面谈。

　　田田是个腼腆的小男孩,今年上五年级,是那种特别不引人关注的学生,平时安安静静,课上听课很认真,回答问题不是很积极,作业能按时完成，正确率也较高，各科老师反映都不错。开家长会时和田田爸爸见过几面，基本都是询问孩子在校的学习情况，电话里也沟通过几次，大多是关注孩子的成绩和学习情况。

第二天一早，我找到田田了解了他近期的学习和作业情况，原来上了五年级，田田每天回到家除了要完成学校布置的作业外，还要完成爸爸布置的作业，而且布置的作业量越来越多，田田每天都要写到很晚，虽然每天都有爸爸妈妈一起陪着写，孩子还是感觉很累，白天总犯困。我安慰孩子会和家长谈谈，让田田保证充足的睡眠，又和所有科任教师详细了解孩子的上课状态、作业情况和在校表现后，我做好了和家长面谈的准备。

见面后田田爸爸直截了当地说孩子上五年级了，知识的难度在提高，知识的量也在增加，必须通过大量的练习加以巩固，而学校的作业不足以达到熟练巩固的目的，因此又给孩子买了大量的练习，每天陪着孩子一起做，就是希望孩子能在小学阶段打牢基础。对田田爸爸这种望子成龙的心情我表示很理解，但也坦率地指出他教育方法的弊端。"田田爸爸，为了您说的所谓巩固知识和提高成绩，牺牲孩子的休息时间就有点得不偿失了，睡眠不充足，一是影响孩子第二天的听课，课上听不好，课下需要多少练习能补回来，如此下去形成恶性循环。二是长期的睡眠不足会严重影响孩子的身体发育，田田本身就比班级其他同学个子矮一些，身体单薄一些，更需要充足的睡眠啊。"

田田爸爸听了之后说道："以前一味的追求孩子的学习成绩，忽略了孩子的身心成长，认为给孩子好吃好喝教做人的道理以外重点都要放在学习上了。我和田田妈妈都是这样学习的，以为用同样的方法复刻到孩子身上就能成功。"

我又解释现在学校每天给孩子留的语文、数学和英语三个学科书面作业加起来不会超过一个小时，其他时间就是让孩子帮家长做家务等，一是增进亲子关系，二是锻炼孩子的动手能力，提升生活能力。也可以做一些孩子感兴趣的事情，体育运动、读书都很好。田田爸爸非常认同，表示回去之后会好好规划孩子的时间，并希望得到老师在学习上的建议。

通过语文、数学、英语三科老师的共同分析，老师最终帮助家长制订了一个田田家庭作业时间规划表。

田田的家庭作业时间规划表

时间	内容	备注
17：30—19：00	放学回家，吃完饭，休息	
19：00—20：00	完成学校布置的家庭作业	省出的时间可由田田自由支配
20：00—20：30	完成爸爸布置的作业	作业量固定，不许增加
20：30—21：30	亲子活动或者自由支配时间	
21：30	上床睡觉	

通过一段时间的试行，田田和爸爸都很满意，发现孩子做作业效率提高了，亲子关系也更加亲密。在一次主题班会上，田田将自己的时间规划表向全班同学进行展示，班里很多小伙伴都想要田田介绍经验。

分析指导

一些家长在教育孩子过程中比较明事理，直来直去，具有心宽量大的特点。他们有大局观，懂得理解和体谅别人，不喜欢与人斤斤计较。凡事对则对，不对则及时修正，与人沟通不会绕弯子，想到什么就说什么，直奔主题。他们配合度高，沟通会比较通畅、坦诚，一旦与老师达成共识，会有较强的执行力，有利于提高家校合作教育的有效性。

针对这样的家长，需要教师与之"坦率"沟通。他们鲜明的特点是表达直接，快速进入正题，目标明确。与这样的家长沟通时就不要做过多的铺垫了，教师解释清楚他的疑惑就可以了。如果是教师主动找家长沟通，就需要明确清晰的告诉他目标是什么即可，要给他去解决问题或者达成目标过程的掌控感。如果发现这种类型的家长"假客套"，其实是他还有所顾虑没有表达真实的想法，在等你要求他说出目标，这时教师要更加坦率指出问题，表明立场，明确态度，目的就是快速消除家长顾虑，家长也会表达真实意图的。

沟通感悟

　　家长们关心孩子的作业量问题，其实并没有抓住小学学习的关键问题。小学生作业量的多与少，并非关键，关键要引导学生专时专用，提高作业效率，让孩子在做作业中学会有效管理时间。要尽量形成孩子对时间的有效管理，在规定时间内做完应有的作业。家长也不要再给孩子作业"加餐"，这样会让孩子形成拖延时间应付家长的心理，从而形成拖延时间的坏习惯。一旦形成对高年级的学习还会带来负面影响，降低写作业速度和效率。

　　在与田田爸爸沟通的过程中，家长有需求可以直接表达，教师要做到知无不言，无需晓之以理，通过摆事实、说利害，家长很快接受，这符合家长的性格特点，同时整个谈话过程都是在帮助家长解决问题，让他感觉掌控感满满，更容易接受教师的建议。

　　像田田爸爸这样的家长真正期待的是更坦率准确的沟通。真正高效的沟通，并不是一味地通过某种技巧来维持一团和气，而是主动发起建设性的冲突，与家长在更开放、更坦率的环境中推进教师、家长与学生彼此的了解与需求，达成高质量共识，为学生成长创造最好的环境。

暖心沟通关键词 49
了解

"了解"的解释有两种：其一是知道的清楚；其二是打听、调查。了解，通常用来形容人对某件物或事的掌握领悟程度。

在沟通中，了解是有效沟通的前提，"知己知彼，方能百战百胜"。由于职业、性格、文化水平等因素的差异，家长的教育理念、方法，对孩子的评价也不尽相同。这就需要老师深入了解家长，以便有针对性地与家长沟通。

 暖心故事

请你相信我

"老师，他又忘带彩笔了……"一个女生举起手，用稚嫩的嗓音对我诉说对后桌的不满。不用看，我便知道是谁，他就是班里的"丢三落四小王子"小越。

其实小越平时表现不错，在美术课上表现非常积极，平心而论我非常喜欢这个爱画画又擅长表达的小可爱，但是小越还是有很多不足，比如经常找不到东西、每次上课时桌面上乱糟糟、心智不够成熟。我已经因他不带工具找他谈过几次，但没起到什么效果。到底问题出现在哪里了？"唉"我叹了口气，拿出自己的彩笔，走到小越面前耐心地对他说："小越，彩笔老师再借给你一次，但是下课后你要过来找我一下，好不好？"小越认真地点点头。

下课后，小越拿着自己的作品迎了上来："老师，谢谢您的彩笔，您看我

的画怎么样？""画面构图饱满，色彩丰富，有创意！"我边说边为他竖起了大拇指，但是我话锋一转对他说："如果没有彩笔，你还能画出这么色彩绚丽的作品吗？"他挠了挠头，不好意思地说："不能。"我轻轻地拉起他的手，温柔地对他说："孩子，老师非常欣赏你的作品，但是最近怎么总是忘记带工具呢？"小越望向我，楚楚可怜地对我说："老师不是我忘记带了，是妈妈最近太忙，她忘记把彩笔放到书包里了！"原来是这样，我俯下身对小越说："小越这些事情你也可以自己来做呀！"小越撅起小嘴不开心地说："我也想做，可是妈妈不让我做，她嫌我做得慢，怕我做不好。"和小越交谈后，我又去找班主任深入了解了小越的家庭情况，小越的妈妈，人很和蔼，对孩子的学习很上心，但就是什么事都要亲力亲为。在了解了这些情况后我打算和家长聊一聊。

　　放学后我与小越一起来到校门外，我与小越妈妈亲切地打了个招呼，说明了我的来意。"您好我是小越的美术老师，今天想和您聊一聊"小越妈妈有些诧异，轻声地问道："是小越最近表现不好吗？"我微笑着，摇摇头说："您别担心，小越在美术课上非常积极，他很喜欢画画，作品有创意，您看看。"我拿出几张小越的作品，开心地和小越妈妈讲述着小越色彩丰富又不失童趣的作品，听着我的讲解，她的脸上也露出了自豪的笑容。我又拿出另外几张小越没有颜色的作品说："您看这几张也不错，就是在画这几幅画时，孩子没带工具画面不够完整。今天我就是想跟您聊一聊，小越经常忘记带美术工具的问题。"家长听我这么一说，忙解释道："老师，最近我工作太忙，就没来得及为孩子整理书包，这都怪我。"我亲切地对她说道："您平时太忙，可以让孩子学着自己整理呀，这些小事让孩子学着自己做，这样不仅解放了您的双手，还锻炼了孩子的动手能力呀？"家长摇摇头说道："其实我也想让孩子独立做一些事情，但我总不放心，不知道该如何放手。"看来家长也在努力，但是还是不够相信孩子，我将他们带到小越的班级，为她展示了小越最近的表现："小越是第六小组的美术小组长，每节课我都会让小越发书收书，您看这就是六组的美术书，摆放得非常整齐；每次放学前，我们都会整理桌椅，您看这是小越的位置，桌椅摆放得很整齐，桌面也很干净；最近我们在课上学习了"我设计的书包"一课，还学习了如何把书籍做分类整理，您打开看看小越自己整理的书包，是不是比之前整齐多了？"小越妈妈听着我的讲述，看着孩子的变化，眼里满是欣慰："是呀，这书包收拾得真整齐。"我拉起小越妈妈的手，耐心地说："其实小越很棒，他既坚强又懂事，只要您放手，让他自己学着去做力所能及的事情，我相信他一定不会辜负我们的期望的。""老师，来到学校我才发现，是我不够相信孩子，没有给他成长的空间，我会尝试着让孩子自己做一些力所能及的事情。"小越妈妈认真地说道。在这次的沟通后，小越慢慢地改变了，忘带东西的次数少了，也越来越有自信了。

分析指导

有些家长在亲子关系中认为"凡事有我为你准备好，你的事就是我的事"，而孩子只是作为被服务的对象。他们一方面缺乏对孩子的信任，认为孩子并不独立，很多事情离开父母无法完成。因为害怕孩子犯错，不忍心看孩子受苦，特别爱孩子，爱到缺乏理性，所以不舍得放手，事无巨细地操心着孩子的一切。另一方面则以挑剔的眼光看待孩子，认为孩子做得不够好，拼命打击孩子的积极性，继续为孩子包办一切。

教师在与家长沟通前要充分了解家长，根据家长的特点，选择恰当的沟通方法。在与家长沟通时要做好充分的准备，委婉地表达孩子的问题，教师也应耐心倾听家长的想法和诉求，在倾听的过程中让家长感受到教师的努力与真心，从而获得家长的信任。在彼此沟通中，教师和家长经过彼此深入了解，针对具体情况提出相应的意见与建议，帮助家长正确地引导孩子，进一步实现家校共育的目标。

沟通感悟

有一种力量是从爱出发，有一种爱是基于对学生及其家庭的深入了解。在家校共育下，老师作为沟通的纽带，更要懂得教育的价值与意义。很多家长太爱孩子，爱到缺乏理性，不舍得放手，总是想铲平孩子成长道路的所有荆棘，殊不知，他们包办孩子身边事就等于拔光小鸟翅膀上的羽毛，让小鸟永远都不能独立地飞上蓝天。作为教师只有我们用心、细心，对学生与家庭进行深入了解，共同商讨教育孩子的方法和策略，引导家长采用正确的方式方法教育孩子，解决问题，才能帮助孩子遇见更好的自己，让他们将来在各种竞争中能以强者的姿态迎接挑战，并取得胜利。

第六篇

教师与家长坦诚沟通

　　教师和家长，从工作关系上讲，地位是平等的，都是学生的教育者；目标是一致的，都想培养好学生。因此，教师要坦诚地面对学生家长，开诚布公地与家长交流自己的态度和意见，为学生成长而忧，为学生进步而急。教师与家长谈话时坦诚相见、推心置腹，给人可近、可亲的感觉，这样家长才会敞开心扉，才能赢得家长和学生的尊敬和信赖，才能"亲其师，信其道"。坦诚相待为教育打下一个坚实的基础。

暖心沟通关键词 50 拥抱

"拥抱"一词的释义是"为表示亲近和爱意而互相搂抱"。拥抱能简单明了地表达人与人之间最真诚的关爱,拥抱也会帮助我们消除沮丧、缓解疲劳、增强勇气、注入活力。

著名教育家内尔·诺丁斯曾指出,倾听和回应是人与人之间彼此关怀的两个要点。在家校沟通中,运用最多的回应方式是口头语言和肢体语言。"拥抱"作为肢体语言中的一种,它可以很好地运用在女教师和学生母亲之间,通过二者的情感沟通表达共情和理解,建立起信任和安全感,这是家校沟通成功的前提。

 暖心故事

"气势汹汹"的来访

在接到二年级新班的第一个月,我曾遇到过这样一位妈妈。

夜晚,刚刚准备躺下休息的我,手机突然响了起来,我心里咯噔一声:十点多了,谁有这么紧急的事情找我?拿起手机一看是班级里品学兼优的佳佳的妈妈打来了电话。我疑惑地接通了电话。"老师,刚刚我才知道孩子在学校里受欺负了,小旺撕扯我们的卷子,还损坏了物品,接下来是不是就要动手打人了,这种事情怎么能发生在学校里,我现在担心得睡不着觉,明天一定要到学校和小旺的家长谈一谈。"佳佳妈妈生气且急躁地在电话中叫嚷着。面对家长的焦虑、担忧,我必须调整自己的情绪、保持冷静。我先平

复了家长的情绪，表示非常理解家长的心情，明天到校后会第一时间了解学生情况，然后与家长约定明天来校当面沟通，一定会帮助解决问题，让家长放心。

第二天早上，学生来到学校后，我找到了佳佳、小旺和周围同学了解学生情况，得知小旺并不是故意的，是因为课间玩耍，无意间损坏佳佳的物品。

中午，佳佳妈妈来到了学校，由于佳佳妈妈工作很忙，这是接班后我第一次见到她，透过红红的眼圈可以感受到她内心非常激动，也非常焦虑。"发生了这样的事情，我一夜没睡。孩子在这样的环境里学习，我实在太担心了，你是怎么当老师的？"新接班不到一个月时间的我，面对佳佳妈妈的指责，我感受到家长对于我的不信任，我真诚地进行了道歉："面对班级38个孩子，如果孩子不说，有些事情确实不够了解，发生这样的事情确实是我工作的疏忽，非常抱歉。"这时佳佳妈妈也很难控制自己的情绪，眼泪奔涌而出。说道："我们这两年才将孩子从老家接到天津，而且平时工作忙，长年出差，对于孩子的成长缺席了太多，当昨天得知孩子的物品被损坏时，我真的太担心孩子在学校会受欺负，小佳总是对我们报喜不报忧，不愿与我们诉说自己的不高兴，孩子的懂事这让我心里更难受，更担忧了……"我给佳佳妈妈递上了纸巾，握紧她的手，安慰地说："孩子刚刚来到身边，您想要给予孩子更多的爱，我特别理解您作为母亲的担忧。我和您一样爱孩子，一样希望孩子可以开开心心、健健康康地成长，请您相信我。"佳佳妈妈一边擦着眼泪一边点头。面对这位母亲的无助，我伸出双手与其拥抱，希望能建立更多的信任和安全感，消除更多的芥蒂。

待家长情绪平稳，我耐心地说明小旺的情况，这个孩子有严重的感统失调和自闭症倾向。同时也告知家长，今天通过询问调查了解到佳佳的物品也是无意间被碰坏的，请家长放心，班级内一定不会出现欺负同学的情况。我带着佳佳妈妈来到教室的前门，看到了孩子们上课时的样子，也看到了小旺努力适应班级生活的小小身影。之后我也请来了小旺的父母共同沟通，他们表明会好好教育儿子，对于孩子的行为道了歉。当两个单纯的孩子站到面前，像好朋友一样牵着手，佳佳妈妈的眼圈再一次红了……

当晚，佳佳妈妈发来信息："我今天见到小旺，才觉得小旺这个孩子很可怜，我们应该用善良之心去对待他，我也会向其他家长和孩子说明情况，帮助这个孩子。我会更好地去了解孩子，努力做一个懂孩子的好妈妈，谢谢老师。"

分析指导

在工作中，我们经常会遇到易冲动的家长，这类家长大多是性情中人，易怒、易燥，思维上常常粗枝大叶，遇事欠考虑。对孩子教育缺少计划性，当孩子出现问题时，往往缺乏处理问题的逻辑性，一时难以抑制自己的情绪，不能冷静、理智地思考问题，不会全方位分析问题，更不会耐心听别人的解释，冲动地向教师或其他家长或学校"兴师问罪"，一方面是爱子心切，另一方面又不甚了解孩子的心理特点，孩子说什么信什么，追根刨底，追究孩子说的每一件事。

面对这样的家长，我们女教师与学生母亲之间可以运用"拥抱"这一肢体语言。当孩子在学校发生问题或家长以为孩子在校受了委屈时，学生母亲往往难以抑制自己的情绪，马上找到老师，这时表达情绪的方式简单粗暴，行为可能会欠妥当。若此时教师稍作解释，反而会激化家校矛盾。教师首先要克制自己的怨气和委屈，坐下来耐心倾听家长的心声，了解家长的不满和诉求，适当给予肢体回应，如不断点头、注视对方等。同性教师与家长之间可以运用拥抱的肢体动作以示理解和共情，安抚家长情绪。让家长感受到教师对自己的尊重，建立信任和安全感。教师耐心倾听家长的表达，等待家长情绪的释放，而后再陈述客观事实，家长会更愿意听老师讲，由此达到我们的教育目的。

沟通感悟

在家校共育模式下，班主任与家长之间的沟通尤为重要，直接决定了家校共育的育人效果。在推进家校共育的背景下，必须要及时沟通、树立正确的沟通态度。无论家长为任何事情而来，他都来源于对孩子的爱，这一点教师和家长的出发点是相同的，我们明白这一点也就能更好地理解家长的激动情绪。我在倾听家长诉说的过程中给予佳佳妈妈共情的拥抱，可以全身心地关注对方感受，给予情感上的支持和理解，能更好地赢得家长的信任，消除误解和矛盾。这也增强了班主任与学生家长之间的沟通效果，形成家校共育。

暖心沟通关键词 **51**

倾听

"倾听"二字本意为：一指侧着头听；二指细听，认真地听。出自《礼记·曲礼上》："立不正方，不倾听。"

倾听是家校沟通中一项重要的制胜法宝。倾听，可以让家长在与我们沟通时更有表达欲望，从而帮助我们更全面地了解学生的情况；倾听，可以让情绪焦虑的家长找到情绪的释放点，从而加强沟通中交换信息的有效性。尤其在面对较为严苛的家长时，我们一味地输出观点往往比不上耐心倾听家长的心声效果来得更好。

 **暖心故事**

做你的树洞

"多想做你的小树洞，静静地倾听你的秘密……"在与家长沟通时，我愿意做一个"树洞"，倾听家长所有的秘密和心声，隐藏家长的焦虑与无奈，给家长一个情感释放的端口。

我的班上有一名学生叫小西，平时总是很邋遢，比如书箱乱糟糟，脚下地面脏兮兮，书包总是随意放在地上，外套经常掉在地上被踩得脏脏的，而且上课还爱走神发呆，走神时手还喜欢一直撕卫生纸，弄得桌面更加凌乱……所以平时在学校我会时刻提醒关注他。

我曾与小西的妈妈反映过孩子的问题，但妈妈的反应总是很激烈，经常说："所有老师都跟她反映过这个情况，我们也知道，但是我们也没办法，我和孩子爸爸平时在工作中认真负责，感情也好，要不是因为小西，我们家庭会更幸福，根本不会有争吵……"我总会这样表达我的观点："孩子还小，我们不要给孩子贴上标签，甚至把家庭矛盾的原因都归结于一个孩子的身上，这样也不利于他的心理健康，您在家庭生活当中还是要多去夸夸他，多去鼓励他，可能孩子会有不一样的改变。"但是家长也只是听听，便不了了之了。

直到后来我们经历了一段时间的线上学习，我想到这个孩子本身学习和生活习惯就不太好，长时间的居家学习中他会不会与家长产生矛盾，所以我拨通了小西妈妈的电话，想问问小西最近居家学习的状态如何。

当我与小西妈妈一拨通电话后，只问了一句："小西最近居家学习还适应吗？孩子心情如何？"她马上激动地对我说："老师您最近不是在班级群发了心理咨询的热线电话吗？我当时就跟孩子说，你去打电话咨询一下心理吧，孩子说他没病，不需要咨询。"我一听到这里，就明白了这段时间家庭氛围一定很不好，于是我耐心地听下去，想知道矛盾的原因。小西妈妈接着说："老师，您知道吗？居家的日子，他没病但我快疯了。最近我也在居家工作，我给他按时做三顿饭，就连水果都削好了给他端过去，就希望他能够认真听线上课，别拖沓。"我马上说道："您真是太辛苦了。"小西妈妈气愤地说："总是说他别一直看电视，但他就是不听，我们每天都要吵架……"此时我感觉他们的关系已经非常紧张了，如果我还生硬地给小西妈妈强加我的观点，她根本听不进去，所以我表现出极大的倾听兴趣，问道："是吗？"她听到我言语中的鼓励，说得更起劲儿了。

"我也不容易，他一点也不知道体谅我……"终于，听到小西妈妈的语速慢慢放缓了，语调逐渐放平了，音量也渐渐变小了。这是，我知道她的负面情绪已经宣泄得差不多了，有效的沟通才刚刚开始。

我语重心长地说："当妈妈真是不容易啊，您对他付出得真是多，其实我觉得您不像您说的那样如此厌恶孩子，只是您和孩子表达爱的方式不是那么正确……"她听完这句话后声音开始哽咽起来。我想，可能是觉得不被孩子理解而伤心，明明最爱孩子的就是她，但因为种种小事伤害了母子情，最后还要用最伤人的话去伤害彼此。

当小西妈妈已经平静下来，我们再给予一些理性的有实际意义的意见与帮助，她就会更加乐于接受了。在这次的谈话中，小西妈妈找到了被理解的感觉，在以后的沟通过程中更愿意向我倾诉了，也更积极配合我的工作了。在家校共育的基础下，小西也在逐渐变好。

分析指导

有些家长想让孩子成功成才，不想让孩子输在起跑线上。常常拿别人家的孩子与之对比，不按孩子的实际情况，定下一个又一个不切实际的目标。每当孩子不能做到他预期的那样时，家长就会十分暴躁，丝毫不给孩子说话的机会。

在面对较为严苛、焦虑的家长时，教师需要做到"倾听"。没有一个家长会不爱自己的孩子，但他们往往对自己的要求就高，甚至还会把这种标准强加在孩子身上，没有考虑孩子的实际情况，也没有考虑孩子的情绪，所以给孩子的感觉是父母不爱我。这样就会造成孩子的自卑的心理，从而导致家庭氛围越来越差，恶性循环。作为老师，我们在与家长沟通孩子问题时一定要保持理性与客观的态度。如果想和家长进行有效的沟通，前期的正确倾听是不可缺少的。

沟通感悟

我对小西妈妈先倾听再引导的沟通方式，让小西的父母都开始学习站在孩子的角度思考问题了，学着认真倾听孩子的想法和内心世界，这让小西的家庭生活氛围越来越好，而且在学校里我观察小西变得越来越爱笑，也更加开朗了。这都是源于孩子把自己内心的烦闷发泄出来会感到身心舒畅、轻松，不再背负那么多的心理压力。孩子在学习和生活中会更轻松，也会变得更加自信。所以倾听无论是在老师与家长的沟通中，还是在父母与孩子的沟通中，都是一项重要的制胜法宝。

暖心沟通关键词 52

启发

好词解读

"启发"有几种释义:一指开导其心,使之领悟;二指阐明、发挥;三指掀开覆盖物,使暴露在外;四指发掘。《论语·述而》讲:"不愤不启,不悱不发,举一隅,不以三隅反,则不复也","启发"二字就源于此处。

在沟通中,启发的作用在于引导、释疑。启发其重点在"发",是指通过一定的方式阐明事例,促使对方思考、领悟;启发能以温和的、易于接受的方式帮助对方主动思考,探讨问题;启发式的沟通能够让对方感到被尊重,更愿意去合作与改变。

 暖心故事

给我一个温暖的港湾

班里的黄生自从进入一年级以来,乖巧懂事、自觉自律,老师们都很喜欢他。可是在黄生妈妈的心里,总觉得儿子不够优秀。平时,家长对他的要求很苛刻,经常因为一点小事就对孩子着急动怒,在学习方面更是过分严格。黄生的练习本有一两处写得不规范,妈妈就会罚他重写数十遍;而黄生作为班级中的佼佼者,妈妈又会告诉孩子这没什么值得骄傲。了解了黄生家长的管教方式后,我打了几次电话沟通,黄生的妈妈只是嘴上配合着说,自己会适当降低对孩子的要求,不再那么严厉。

黄生在这段时间情绪失控了好几次。一大早,我发现他蹲在班级门口,

一边翻书包一边拍大腿，看上去很着急。我走到孩子身边蹲下来问他："黄生，你怎么了？"他突然加快了翻找速度，然后大喊，"怎么办老师，我没带生字本！"听到这里，我愣住了，安抚孩子说："黄生，任务你都完成了，对吗？别哭了，明天可要记得带来。"这样的安抚并没起效，他告诉我，妈妈知道了会骂他、打他，所以他很害怕。过了几分钟，等他平静下来以后，我让他放心，今天回家绝对不会挨骂，孩子这才进了教室。回想黄生妈妈对待孩子的态度，我倒吸一口凉气，如果再不启发家长说出心里话，树立正确的教育观，恐怕孩子的心理负担会越来越重。我先给黄生妈妈打了电话，告诉她早上发生的事情，希望回家之后她能轻描淡写地同孩子沟通一下，并约在明晚进行家访，借此看看黄生的家庭氛围。

刚进家门，黄生就给我送来了拖鞋，我连连夸他懂事。黄生的妈妈却说："他就是看老师来了才这样做，再说了，别人家的孩子不都这样么。"黄生妈妈随即跟我提起了她眼中孩子的一串毛病。在倾听的过程中，我时不时启发她说出自己的想法和感受，并追问："孩子爸爸长期在外地工作，这些话是不是少有人坐下来听？是不是很希望自己能把孩子带好？是不是有时候急于求成？"她像抓住了一根救命稻草那样，频频点头。接着，我站在班主任的立场上不仅描述了自己眼中的黄生，还说出了他现在的心理状态，他想停下来歇一会儿，却找不到一个温暖的港湾。孩子妈妈沉默了，没有再大谈自己的教育理念，想必她也发现了黄生最近情绪不稳定的问题。

"对待孩子的错误，轻易地采取惩罚的手段，往往不会取得理想效果，因为您没有给他希望反而让他害怕。孩子犯错误的时候常常是教育最有效果的时候。"我认真地说。黄生的妈妈在我们的对话中有了新的思考，她说："我对孩子的成绩非常关注，其实只是希望孩子能做得更好，没想到反而会起到了反作用。"我说出我的担心，告诉妈妈这种爱给孩子带来的不是欢乐，而是痛苦。谈话结束前，让人期待的一幕出现了，黄生的妈妈悄悄问我："老师，我现在该做点什么，让他在家能更放松？您给我支个招吧！"眼看一番启发有了成效，我开心地说："您可以寻找孩子的优点，帮助孩子认识自我，建立自尊与自信。另外，面对孩子，要常怀一颗赏识之心，经常夸夸他。"出门的时候，黄生妈妈依依不舍地说："要是能早点和您谈谈就好了。"那次谈话结束，我能感觉到，无比严苛的黄生妈妈也在反思和调整自己的做法。

那次谈话以后，又有了多次沟通，很庆幸黄生的妈妈改变了育子方面的一些固执又苛刻的做法，黄生脸上的笑容越来越多。黄生的妈妈也会告诉我，自从允许孩子犯错以来，自己没有那么焦虑了，亲子关系也越来越好了。至此，我知道黄生是幸运的，他拥有了一个温暖的港湾。

分析指导

在师生沟通、家校沟通的过程中，经常能发现不同家庭氛围中成长的孩子，他们的行为方式、性格特点大相径庭。部分家长在教育孩子的过程中，对孩子粗暴、冷漠，要求严厉，往往不顾孩子的尊严，过多地指责孩子，孩子感受不到父母的宽容和体贴。在这样的管教中成长的孩子，时常敏感而脆弱，害怕犯错，为自己做的每一个决定而担心。因为在孩子犯错时，他们得不到来自家人的帮助与耐心，只是一味地呵斥，甚至打骂。

在与家长沟通的过程中，"启发"能够发挥家长的主体作用，调动其积极思考的能力，发挥主动性和创造性。在沟通中需要带领家长探索自己的感受、情绪情感体验，掌握家庭教育的艺术。沟通时，我们宜疏不宜堵。首先要放平心态，以平等的态度去倾听他们的想法、做法、教育方式，给其释放空间。更重要的是，为了孩子今后的健康成长，要启发家长掌握家庭教育的艺术，更好地发挥主观能动性，通过正确、适合的方式来教育孩子。通过多次启发式的沟通，最终让家长意识到对孩子过于严厉的不良影响，提高对家庭教育的认识水平。

沟通感悟

"启发"是一剂良方，在面对家长时，它的第一作用是帮助家长表达自己的感受、做法，也为教师寻找突破口提供了可能，我们需要运用启发的方式引起家长的联想，并取得情感的共鸣。第二作用是启发家长思考过于严厉所带来的不良后果，以正确导向树立教育理念。

有的家长的确非常爱孩子，但是在教育观念上错误地认为"棍棒底下出孝子"。与黄生妈妈交流的过程中，我认为"启发"充分尊重和发挥了沟通对象的主体性作用，取得的教育效果也比较明显。若教师一味地以经验告知，往往如隔靴搔痒。因此，与家长的暖心沟通要坚持启发的方式。

暖心沟通关键词 53

诱导

好词解读

　　"诱导"一词的意思是劝诱教导、引导的意思，一般指使人向好的方向发展，通过一定的或明示或暗示的方式使他人逐步按照自己意愿行事的方式。

　　在沟通中诱导就是通过摆事实，逐步引导，让家长更加清晰地认识到当前的教育方式会带来哪些相应的结果。老师在与家长沟通时既可以用正面的例子来诱导，又可以使用反面的例子来警醒。让家长体会到教育方式的不同，带来的结果有天壤之别。当你把现实中活生生的案例摆在家长面前，才能真正引起家长的重视，让他们在以后的孩子教育中积极配合老师。

暖心故事

买来的"小红心"

　　我在当三年级班主任时，遇到这样一个同学，他叫沐涵，最开始他的学习成绩相对落后，有一段时间学习成绩突然有了明显提升，但是一个多月以后成绩又开始下滑，平时表现也有所起伏。一次与学生的谈话中，我偶然发现他偷偷用钱购买同学的小红心，正是那种我们班级中用来奖励在各方面表现优异学生或者进步学生的小贴纸。

　　结合最近的一些情况，我马上给沐涵妈妈打了电话："沐涵最近在学校表现时好时坏，不是很稳定，您最近给了他很多零花钱吗？""我看他最近表现好多了，还获得了很多的小红心呢！是给了他一些奖励，准备再好好奖励他呢！""您给的钱是不是太多了？您知道他拿着钱做什么了吗？"我接着问道。"他应该是买一些零食或者玩具吧？我回家告诉他不要在学校里随便玩玩具……"我马上打断她："沐涵妈妈，沐涵手里的小红心多数都是拿零花钱从同学那里买来的！""啊？是这样的吗？我们沐涵应该不会这样吧？"沐涵妈妈有些吃惊。"我想去您家做一个简单的家访，咱们当面交流一下，您方便吗？"沐涵妈妈爽快地答应了。

为了能更高效的沟通，我在去之前做了一个简单的策划。设想了几种沐涵爸妈态度，以及如何进一步循循诱导。另外我还提前收集了一些有说服力的案例，可以更好地支撑我的想法，让他们也更好接受一些。

我按照约定的时间来到沐涵家："沐涵爸爸、沐涵妈妈，你们好！今天打扰了，我来做个简单的家访！"沐涵爸妈非常友好地说："老师，您太客气了！非常感谢您这么忙还抽时间来我们家帮助我们！"他们的态度让我瞬间又增添了几分自信！"沐涵真的用零花钱买同学的小红心了吗？！"沐涵爸爸还是有些不愿相信。"是的，因为我发给孩子的小红心都有记录，方便后期兑换奖状奖品。我也询问了几个同学，也问了沐涵，这个事情是真的。"我接过沐涵妈妈递过来的热水接着说："说一说沐涵零花钱突然增多的事吧。"

"我们俩平时忙于生意，很少有时间辅导孩子功课，也没怎么了解孩子的学习状态和在校表现。更多的是孩子姥姥在照顾。我们只有在期中或期末考试时才关心一下孩子的学习。"沐涵爸爸非常无奈地说。"上学期期末了解到孩子实际学习状态后，我们有些着急，他爸想到一个'好办法'，就是用金钱奖励来鼓励孩子好好学习！只要孩子能够完成每天老师讲课内容的复习就奖励10元钱。"沐涵妈妈埋怨地看了一眼沐涵爸爸。

沐涵爸爸叹了一口气，接着说道："刚开始孩子的积极性非常高，虽然任务完成得有些艰难，但是孩子还是为了获得奖励努力学习。但没想到一周后孩子又失去了积极性。为了让孩子能够持续学习，我就加大奖金力度，将奖金额度提高到20元。刚开始还有效果，但到后来只能通过不断地提高奖金数额才能引起孩子的学习兴趣。"爸爸说完非常沮丧地低下了头。

掌握了沐涵近期的情况后，我非常坚定地说道："通过金钱奖励会给孩子带来很多不利影响。你们必须要引起足够的重视。用钱买同学的小红心只是迈向深渊的第一步，必须立即纠正！"

看到沐涵爸妈认可地点头后，我接着耐心地说道："通过金钱或者物质奖励并不能有效地激发孩子对学习的热情，孩子如果没有自发的学习精神，很难持久地提升学习成绩。"

接着我给他们列举了前首富股神巴菲特的金钱观和子女教育的故事。另外，随着交流的深入，我还列举了一些古今中外因为父母无暇顾及子女教育或者错误的金钱观而害了孩子的例子。这些众所周知的案例就是在欲壑难填的金钱诱惑下一步步堕入深渊。

沐涵爸爸非常诚恳地说："老师，我们明白了，也非常后悔想出这么一个馊主意！接下来我们该怎么办呢？""我们对于如何教育和引导孩子还是没什么经验。"沐涵妈妈渴望地看着我。我说："我会在学校给予沐涵额外关注，当沐涵有所进步我会使用班级内表扬、发奖状、当老师的小助理等方式鼓励他。而您在家庭中奖励孩子的方式也有很多，比如在家里可以奖励亲子活动半小时、看半小时电视、外出旅游等。"

我对沐涵爸爸说："您可以通过与孩子一起干活等方式挣钱，让孩子了解金钱来之不易。当然，适当地给孩子一些零花钱是完全没有问题的。可以给孩子讲一些正确的理财知识，比如《富爸爸穷爸爸》等，给孩子树立正确的金钱观教育。"

沐涵爸爸紧缩的眉头终于舒展开了。"我建议你们尽量合理安排一下自己的工作，比如轮流陪伴孩子或者充分利用休息时间来好好关注孩子的成长和教育。"

经过这次深入的交流，沐涵爸妈对我的及时提醒非常感激，平时也会及时反馈孩子在家里的表现。在家校共育的过程中，沐涵的成绩有了明显进步，不仅获得了进步生的奖状，还荣获了"老师的小助手"等称号，现在的学习状态越来越好了，成绩也在稳步提高。

分析指导

本故事中家长以金钱或者物质为杠杆，通过向孩子提供不同数额的金钱奖励或者物质奖励，以期调动孩子的积极性，却很少关注孩子的精神需求。他们的教育方式一切向"钱"看，认为教育孩子如同他们经营手段一样。他们在吃穿方面充分地满足孩子的需求，用物质奖励作为学习的动力。随着我们生活水平的提高，这种教育方式在现阶段家庭教育中比较常见。

面对这些家长，我们在沟通时要直言不讳，用大量的事实、案例告诉家长。因为物质对于人贪欲的本性来说，可谓欲壑难填。孩子也是一样，一次次的物质满足只会推高孩子对物质的欲望，一是永无止境，再就是会引发连锁性影响。当然，我们不反对家长给孩子一定的物质奖励，要就事论事，激发学生学习内驱力。

沟通感悟

很多家长没有树立正确的教育理念，认为凭借自己的认知就可以很好地教导孩子，其实他们的教育观念与现代教育学相违背。又因为他们的局限性，不能及时发现问题。如果我们与家长沟通时只讲大道理、照本宣科，很难让家长改变自己的观念。当我们通过一个个现实生活中的典型案例摆事实，逐步引导家长，让家长明白如果按这样的教育方式继续下去会有哪些严重后果，同时好的教育方式会有哪些令人满意的成果，这样的沟通才会事半功倍。

暖心沟通关键词 54

协商

"协商"的意思是共同商量以便取得一致意见。在生活中，协商是处理人与人关系的润滑剂。在政治领域，协商是一种重要的民主形式。从日常社会生活中的管理和决策，到一年一度的全国两会，这一民主形式运用广泛。协商不仅成为推进民主的一种制度自觉，更沉淀为人们的一种民主素养。

在人际关系中，如果没有平等的沟通、思想的碰撞，就难以达成共识。协商如同一种静水流深的力量，在与人沟通的过程中，可以起到"四两拨千斤"的作用。

 暖心故事

慢慢来，比较快

第一次家长会结束，我就对小源妈妈印象深刻：高高的个子，一头干练的短发，身着一身工作服，说话、走路都很利索。家长会结束后，她主动走到我的身边，跟我询问孩子刚入学的适应情况。在交流的过程中，她有一个观点给我留下深刻的印象，她真诚地跟我说："老师，我觉得一年级的孩子课上调皮捣乱是正常的，您看着管就行，不用特别要求。"听到这句话我第一反应说："您这样想不行啊，孩子小也是需要逐步适应集体生活的，如果我们不帮助孩子养成好习惯以后他会遇到更多困难。"小源妈妈连连摇头："老师，我不认同您的观点，孩子只要长大了就都懂了。"当时因为周围还有其他家长，听到她这样的回复，我只得微微一笑，心里却默默记下了孩子的

名字。我想这是我在下一个阶段的"重点关注对象"。

在接下来的一段时间里，我每天特别留心关注小源同学的表现，果然在家长这样的教育理念管理下，他在课堂上经常坐不住、注意力不集中、喜欢交头接耳，有时还会发出不合时宜的声音。面对这种情况，我没有急于和小源妈妈"告状"，而是每天做好记录，同时只在微信聊天窗口跟家长反馈今天他的表现。在反馈时，我运用了一点小技巧：每次先夸奖小源今天有哪些进步的地方（获得家长的信任，不让家长因为反映问题对家校沟通产生反感），同时提示今天出现了哪些小问题。这样坚持一周后，我选择周末给小源妈妈打一个电话。在打电话之前，我给自己预设的目标是不求完全说服，只要打开共同协商的第一步，这就是进步。

电话一开始，我先询问了妈妈感觉最近小源的表现怎么样。她很爽快地跟我说起孩子最近的表现，感觉孩子有进步，也不抵触学校的学习生活，还交了很多朋友。听起来对孩子的学校生活比较满意，语气轻松，这就构成了我们谈话的和谐基础。聊完之后，我话锋一转，开始委婉地指出孩子最近出现的一些问题。当我说道："孩子最近还是出现了上课走神、注意力不太集中的情况，您怎么看？"小源妈妈的态度明显和第一次家长会时发生了一些变化，说："老师，我最近看到您每天给我发的孩子的表现，特别感谢您每天这么花时间关注孩子，我最开始很担心，怕您因为孩子调皮对他有偏见，没想到您总能发现他的优点，有的地方是连我都没有关注过，我很感动。对他上课走神的问题，其实平时在家也会有这样的情况，一般我会不断提醒他，急了就批评两句，其实也没有太好的办法。"听到家长这么说，我内心很欣喜：我知道自己的努力没有白费，我的付出换来了家长的信任。于是我接着说："您先别着急，其实一年级刚入学，很多孩子都会出现这种情况，这也是小幼衔接适应的一个过渡阶段。只是每个孩子要适应的时间长短不同，想要让孩子早一点养成好习惯，还需要我们家长的努力。"接着，我为小源妈妈提供了一个"复述故事"的小方法，请她尝试一周时间，一周后我们再进行沟通。这次有效的交流也打开了我们"协商"的第一步。

就这样，通过每周的沟通和交流，我明显感受到了小源妈妈的执行力。她对孩子的表现非常上心，有时甚至会主动联系我，向我反馈孩子在家"专项训练"的效果，我也会及时沟通孩子这周在学校表现的情况。经过一个月左右的逐步推进和有效协商，小源妈妈对我的信任感越来越强，我们的教育理念越来越一致，小源的表现有了很大的进步。

分析指导

有一类家长做事果断、坚决，对自己的理念有自信，在日常沟通中语言、动作干脆利落，步伐稳健，眼神有光，声音洪亮，表情丰富，喜欢自己来决定事情。他们关心外界事物，活泼开朗，不拘小节，善于交际，感情外露、独立、果断，容易适应环境的变化。在教育理念上一旦与老师达成共识，会有较强的执行力，形成有效的家校合作关系。

这类家长通常在教育孩子的过程中有自己的想法，容易沟通，但对于自己认为正确的理念会比较坚持，因此当家校教育理念出现分歧时，老师不必急于纠正家长的想法，要知道直接的否定，反而容易让家长产生抵触情绪，不利于后续沟通工作的开展。我们在沟通中要充分通过"协商"的方式，让家长在表达自己的同时适时提出引导性问题，通过平等的对话、讨论和商量，帮助家长能发自内心地认可老师的观点。

沟通感悟

其实，要想和这类家长沟通顺畅并不困难。他们不喜欢被说教，也不太接受被强加的观点，如果我们本着一定要让对方接受自己观点的初心，反而越说服越容易引发他们的反感。在沟通过程中，老师要注意，首先，一定要表达的是对家长的尊重和对孩子的关心，这是任何沟通的基础和前提。有了对孩子真正的好、真正的关心做基础，家长就能感受到老师的用心，增加对老师的信任；其次，要通过一段时间的沟通（教育孩子还是沟通家长，都不要设想能一次性解决问题），尤其在每次对话时根据家长状态有层次地进行提问和引导，帮助家长自己领悟到教育中存在的问题，这样沟通效果会事半功倍、水到渠成。

暖心沟通关键词 55
引导

好词解读

"引导"一词有带领、指引的含义。引导者总是在被引导者的前方,可以是行为、动作上先进,可以是思想上先进或技术上先进等。引导者处于主动位,被引导者处于被动位置。

很多家长和孩子都会有迷茫困惑的时候,在沟通教育中有效引导能起到重要的作用,在孩子和家长迷茫时给予积极地引导,使家长不再迷茫,帮助孩子找到正确的努力方向,找到自信,实现快速进步。

 **暖心故事**

妈妈眼里的"小透明"

今天是个和往常一样阳光明媚的日子,但是我的心情并不明媚。在上综合实践活动课时,同学们都在安静地学习,我在专心地讲课,突然听到一个孩子说:"我妈说综合课没用,无论我做的作品有多好她也不会看的!"我定睛一看正是班里最调皮捣蛋的明明,明明的纪律一向不好,总是喜欢随意说话,扰乱课堂纪律。我稳定了一下情绪说:"明明,请你遵守课堂纪律,认真上课,你的作品一定可以得到大家的肯定。"但明明坏笑着,翘着二郎腿更加肆无忌惮地喊道:"我就是这样,别管我,我父母都管不了我。"面对明明扰乱班级纪律的行为,我说道:"现在我们一起认真学习今天这节综合课,看看谁做的作品最好。"终于,这节课平稳地上完了,但是明明的想法和纪律问题亟待纠正。

下课后，我和明明进行了交流，我在向班主任反映课堂情况的同时，仔细询问了明明的家庭情况，制作了一个"明明成长情况记录本"，以便更好地解决他的问题。我了解到原来明明的爸爸经常出差，妈妈工作繁忙，没有时间和精力管孩子，平时只关心孩子衣食住行这些基本需求，对孩子的意志品质、情感需求、心理健康关注很少。由于家长忽视了孩子的学习和成长，因此我要积极引导家长多关注孩子，引导家长发现"错"孩子身上也有闪光点。我想在课后服务后和明明妈妈聊聊，一起帮助明明改正问题。

谈话前我做好了充分的准备，告诉自己一定要先引起家长的兴趣。我拿着明明做的作品，说："明明妈妈，麻烦您在这儿多停留一会儿，我想和您谈谈孩子的情况……"还没等我把话说完，明明妈妈便急匆匆地转头准备走，冷漠地说："您是想说孩子的纪律问题吧，我们很忙，没时间解决孩子的事情，这个孩子从小就管不住自己，我们也很无奈，对他没有多大期望，不招灾惹祸就行。"听到明明妈妈的话，我心里一紧，看来家长真的从心底里就忽视了孩子的学习和成长，还没听我要说什么就下意识认为我要反映孩子的问题。

我赶紧把孩子的作品放到明明妈妈手里，握着她的手说："请您稍等一下，我知道您工作繁忙，虽然孩子还有一些问题，但是您千万别放弃他啊，明明并不是您想的那样一无是处，他有擅长的领域，我是想表扬明明，您看他在综合课上用废弃雪糕棒做的小房子多么漂亮呀！他在手工制作方面总能做出与众不同的作品。"

明明妈妈停住了脚步，笑着看了一眼孩子的作品，又看了看表说："谢谢老师，孩子做得是挺好，他就喜欢玩，做乱七八糟的东西可厉害了。"可见我的话稍微引起了一点明明妈妈的注意，但是还没彻底激起她对孩子的教育兴趣，我便引导她说："这可不是没用的东西，孩子在动手制作时能促进创新能力和思维能力。您看，这里还有很多明明的优秀作品，这束康乃馨就是他做的，多么栩栩如生啊，他想在母亲节的时候送给您，他渴望您的关注和重视。其实明明身上也有很多闪光点等待我们去挖掘，比如他思维敏捷，每次我提出一个问题他总能快速地想到答案，只不过总是喜欢不举手就脱口而出。"

明明妈妈惊讶地说："这些都是明明做的吗？"我深深地点点头说："是

啊，明明的动手操作能力很强，每次在我的综合课上总是完成作品的前几名。"明明妈妈的眼里开始有了光芒，说道："原来明明在综合课上这么有潜力啊，我们确实没有关注过孩子擅长什么，也没时间关注孩子的学习和成长。他每次给我看作品时我都敷衍了事。是我忽视了孩子的心理变化和成长过程，看到他在综合课上这么开心，我才领悟到每一门课程都很重要，我以后要多关心孩子。"我轻轻抱了抱明明妈妈，继续引导说："您说得太对了，我们要一起努力，关注孩子的成长。今天综合课他没有好好上，有随意说话、扰乱课堂纪律的行为。据我了解，明明不只在综合课上随意说话，在其他课上也是如此。您知道孩子为什么总是有这种行为吗？"明明妈妈疑惑地摇了摇头。我说："我在和明明的谈话中发现，他在课堂上插话只是希望用这种方式得到大家的注意，他的实际心理是渴望引起更多的关注，只是用了错误的方法，我们不能对他置之不理或是单纯地批评他，而是应该引导他一步步改正错误。"

明明妈妈若有所思地点了点头，认真地说："老师，我们应该怎么帮明明改正问题呢？"我接着引导，说："我们不能总是看到孩子身上的不足，要引导孩子发挥长处，让他体验成就感。然后我们再引导他严格要求自己，优秀的孩子纪律也应该很好，让孩子学会自我约束和遵守纪律。我们还可以给他制订计划，例如：每当他被大家表扬一次，您就让他做一件他喜欢的事情。这样既能鼓励他继续努力，又能增进亲子感情，如何？"

在我的引导下，明明妈妈眼里充满了希望，频频点头，她握着我的手，眼里泛着泪花，感激地说："感谢您对孩子的关心和帮助，听您说了这么多，我才恍然大悟，一直以来我们都对孩子不够关注，从今天起我们不再忽视孩子的情绪变化和成长点滴，犯错误后也不再一味地批评，而是多关注他的内心世界，引导他改正错误。同时要重视每一门学科，多挖掘他身上的闪光点，引导他做一些擅长的事情，不断地鼓励他，为他树立自信，让他感受到自己被重视，学会自我约束，有安全感、存在感、成就感！"

我高兴地握着明明妈妈的手说："您说得太对了，他脆弱的心灵更需要我们的关注与鼓励。您别客气，只要我们一起努力，相信明明一定会有进步。"

后来我时常给明明妈妈发去孩子的作品照片，她每次都很开心欣慰。同时我也会经常找明明交流近期的状况，他说："最近父母经常和我聊天，还常常鼓励我，我特别开心。"明明的纪律有了提高，在课上不再随意说话而是积极踊跃地举手回答问题，他在综合课上的表现也更加出色。每天我都能看到他阳光般明媚的笑容，感受到他的自信心。我知道，通过引导的方法，家校共育有了显著效果，我的内心无比开心。

分析指导

在平时的教育教学中我们发现有些家长忙于工作，没有足够的时间和精力关注孩子，具有对孩子轻视、漠视的特点，不够重视孩子。这类父母大多关心孩子的衣食住行，对孩子的意志品质、人格发展、情感需求、心理健康等方面关注较少，在一定程度上缺席了孩子的成长，难以走进孩子的内心世界。他们大多不期望孩子在学业上取得多大成功，要求不高。

作为一名科任教师，我经常会碰到这样的家长，他们既不重视孩子，又不重视科任学科，家长对孩子漠不关心。面对这些忽视孩子成长的家长，需要教师通过"引导"的沟通方法拨动家长的心弦，为家长和孩子树立信心，引导家长关注孩子的成长和学习，让孩子有所进步。首先要引起家长对孩子的注意，让家长看到教育的希望。然后巧妙地引导家长发现"错"孩子身上的闪光点，看到孩子擅长的领域，特别是在本学科上的优点。接着要引导家长对孩子出现此类问题进行深入思考，帮助家长找到改正问题的方法。最后再夸奖鼓励孩子，帮助他们制订改正缺点的具体实施计划。

沟通感悟

明明妈妈因为工作繁忙，忽视了孩子的成长，导致明明上课喜欢用随意说话的方式想得到大家的关注和重视。面对这样的家长要采取巧妙引导的沟通方式，老师要注意先用孩子的优秀成果引起家长对孩子的关注。同时在沟通中要体现真情实感，赢得家长的尊敬和信赖，为家长和孩子树立信心，从而提高家长对孩子的关心和对学科学习的重视。还要引导家长深入思考孩子出现这些问题的根本原因，帮助家长找到改进孩子问题的具体方法，不要说空话，要让家长能够理解吸收。最终我们要引导家长发扬孩子的优点并不断鼓励孩子，让孩子有所进步。面对这些家长，引导是个行之有效的沟通方式，可以使家长不再忽视孩子的成长，同时孩子能够进行自我约束，最终变得越来越优秀。

暖心沟通关键词 56
示范

"示范"的意思是做出某种可供大家学习的典范。把事物摆出来或指出来使人知道，做出可供大家参考、借鉴和学习的典范，对人在生活和工作中，往往具有参考意义和模仿价值，能够对现存的问题或困境具有指导和破解的作用，给人启发，以达到预想或往预想方向发展的目的。

在教育中示范，能够从具体问题出发，以实际情况为依据，提出具有针对性且切实可行的策略或建议，为找不到方法的人提供有效的参照，对现存问题做出改善，尽可能达到理想目标。

我该怎么爱你

班里的王凡是个性格开朗的男孩，他热心善良，老实敦厚，但课上却爱走神、开小差，学习成绩也是一塌糊涂。通过观察，我发现他并不是真的厌学，于是决定和他好好聊聊。

原来，王凡爸爸妈妈经营的小吃店，生意愈发红火，晚上更是忙得不可开交，回到家，他不仅要面对嘈杂喧闹的环境，更要照顾幼小的妹妹。自小王凡缺少陪伴和呵护，学习也开始放松。几个学期下来，功课已经落下了很多。我没有想到这个孩子有这么多的委屈和难过，看来我必须和家长好好聊聊了。

　　我拨通了王凡妈妈的电话，可还没说几句话，电话那头就有些不耐烦，我也注意到了电话中的嘈杂声，便立马说道："听到您那边的声音，应该还有些事情没有忙完，但我还是想和您聊一聊，晚一点方便吗？"王凡妈妈开始敷衍，我便表示会一直等回电。在电话结束一个小时后，我也发送了信息提示。

　　正在我快要放弃时，突然接到了来电！电话里王凡妈妈略有意外的语气，让我知道这个机会来了。"老师，真不好意思，我们店里太忙了。小凡在学校里又调皮了吗？"我回复道："打扰到您了，我想跟您聊聊王凡。没想到您工作这么晚才结束，真是太辛苦了。最近感觉孩子的状态不好，课上有开小差的情况，之前喜欢上的音乐课、科学课，感觉也不太开心，和同学聊天次数也少了。我很担心，不知道他在家里的状态怎么样？"孩子妈妈开始有些敷衍。我赶紧问道："您准备怎样和孩子谈一谈呢？"王凡妈妈难为情地说："其实之前也有老师打来电话，说要对孩子多督促，但我们也不会教。后来有了妹妹，小凡就更不听话了。时间久了，我们也失去了信心和耐心。"

　　此时，我才真正明白了家长的难处，她深爱着孩子，只是不知道怎样去爱，如何用孩子能够接受的方式，让他感受来自父母的爱。我想要尽自己的努力去帮助她、帮助孩子。

　　"其实您和孩子爸爸的陪伴，正是孩子在学习路上的最大支持！希望您能尽量抽出时间来陪伴孩子，家庭教育在孩子成长中占有非常重要的地位。"我继续说道："相信您一定知道孟母三迁、岳母刺字的小故事，所以很早之前，咱们就开始注重家庭教育了。"

　　我以班里的好同学为例："不知您记不记得咱们班的嘉城同学，最开始，他也是个不听话的孩子呢……我觉得让嘉城作为小凡的榜样，增强孩子的自信心。"说到这里，王凡妈妈也连连应声。

　　我也与王凡妈妈说了一些自己的教育方法：比如每天抽出 1 小时和孩子一起阅读，不要看手机或电子产品；每天看新闻联播，分享感悟；周末去户外散步等。

　　鉴于王凡家庭情况的特殊性，我接着提出示范性的建议："咱们可以每月进行 1 至 2 次的亲子活动，可以是做手工、折纸，也可以是踏春、游玩、慢跑，或者制作自家小吃，孩子和您一起动手，增加互动和交流，感受劳动的辛苦。亲子活动就是要促进家长和孩子之间的互动，增加彼此的交流和接触，让孩子感受家人的爱与呵护。"

这次谈话让王凡妈妈意识到，家长的陪伴是孩子成长中不可缺失的重要环节，在沟通中学了很多教育"法宝"。我也将这些"法宝"分门别类，和家长一起，定好了切实可行的计划和阶段目标。

孩子由逐渐适应到做出了可喜的改变。我趁机重点表扬了王凡，并予以他"优秀进步奖"。看到同学们对他的认可，我十分欣慰，在全班同学的掌声里，他的眼中隐隐闪动着泪花。在那一刻，我的幸福感油然而生。

分析指导

有些家长，他们一般不会主动和老师沟通，对孩子的教育和陪伴也比较敷衍、草草了事。而这样的敷衍态度，一方面是由于他们把大部分的时间和精力放在了事关生存的温饱问题上，另一方面，他们总认为自己并不具备指导孩子学习成长的经验。因此他们缺乏教育孩子的信心，经常忽略作为家长在教育中起到的作用，从而采取敷衍的方式推卸责任。

此时，他们更需要教师多一些耐心去引导，以真实的事例或具体的实施方案为家长作示范，通过模仿、借鉴，选择最合适孩子的教育方法，让家长能在孩子的身上看到明显转变。示范，以更接地气的方式让家长体会和感悟教育理念的含义，启发家长怎样才能进行有效的教育活动，以求达到实际运用的效果。

我们在沟通时要给予家长坚定的信心，让家长坚信孩子能在他们的关注与呵护下有所进步。在引导过程中既可以使用多维度的案例去示范，也可以适当引导家长学习身边的榜样，或者根据孩子的实际情况向家长提出选择性的建议。最后注意要达成的目标，建议明确好每个阶段的小目标，切实做好可行的计划，最终实现从量变到质变的飞跃。

沟通感悟

　　家长要想更加关注孩子，只需老师使用几个巧妙的方法，就能让家长抓住关键点，为孩子助力。家长和老师都希望孩子能够成长为更优秀的人，只是有时家长并不懂该如何让孩子感受到他们的爱，怎样做才是对孩子最好的，所以他们需要老师为家长提供前行的方向。

暖心沟通关键词 57

指导

好词解读

　　"指导"一词的意思是指示教导、指点引导,它是一个动词。指导,有将某种东西指给人看,并使人知道它的内涵或原理,从而带领别人在某方面做得更好的意思。

　　在家校教育沟通过程中,指导是在深入分析学生行为的基础上,给出家长有针对性的意见或建议,指导策略有针对性强、实用性强、可操作性强等特点。指导是教师用专业化知识解决学生和家长在生活中面临的教育问题的有效策略,指导也是增强家长对教师信任感的有效方式。

暖心故事

开学风波

　　接手新一年级,入学当天我便发现了一个有点与众不同的小男孩。小章眼睛大大的,眼神里充满着对新环境的好奇,但当我发出"手背后"这样的简单指令时,孩子眼里却充满了茫然,好像这个指令跟他没有关系。除了第一印象,我们在校相处的第一天更让我印象深刻。孩子说着一口浓重且稚嫩的家乡话,通过手势我大概明白了他的诉求是想去卫生间,而之后的每节课他都会反复要求去卫生间,这也严重影响了其他老师的课堂教学,到下午更是哭着要回家找爷爷。

　　为了缓解他紧张的情绪,我牵着他的小手来到办公室。小章的个子不算矮,但小身板却瘦瘦的,一眼看去特别单薄,我拉着他手腕的时候,明显能感受孩子有些瘦得皮包骨头。我耐心地告诉他，会找妈妈来接他，他嘴里却还一直喊着："找爷爷，不找妈妈。"因为知道会有人来接，他不哭了。在办公室等待的这段时间，他很快就被陌生的场景吸引了，东瞧瞧西望望，一眼没看见，他就走到了其他老师的工位，开始摸摸这看看那，在我反复的要求下，他才不随意碰别人的东西了。煎熬的一节课，最终以爷爷接走孩子而结束。

当天晚上我跟孩子爸爸进行了电话沟通，想知道为什么孩子这么抗拒来校上课。我从爸爸那里了解到两个非常重要的信息：一是家长上班非常忙，小章从小是由爷爷奶奶带的，老人平时跟孩子沟通都是讲家乡话；二是由于疫情原因以及孩子体质较弱，孩子没能好好上幼儿园，经常请长假。

了解了孩子的情况，我不禁在想，这是个多么需要帮助的孩子啊，我一定要和家长好好配合，帮孩子走好融入小学的第一步。我同情地对家长说："孩子在教室坐不住，一是因为没有长期的幼儿园集体生活为基础，不习惯集体生活；二是语言受阻，导致与小朋友沟通不畅，孩子心里也会感到比较孤单。"孩子爸爸说："您说得太对啦！真是一针见血啊，开学第一天就看出了孩子的问题！我也苦恼孩子抗拒上学的问题，担心孩子在学校不能适应，但是我们不知道怎么帮？"听着孩子爸爸对我专业的认同以及急切的声音，我坚定地告诉他："适应集体生活的前提是他要坚持来学校，而您说孩子因为身体原因经常请假，那咱们本学期就要保证孩子身体健康少生病，一定要多陪陪孩子，下班后带孩子进行体育锻炼，同时还可以跟孩子聊一聊学校的生活，我们要时时掌握孩子的心理变化，我也根据孩子具体情况调整在学校的教育方法。我相信，如果孩子坚持来学校，他的普通话也一定会有进步！您一定要按照我的要求去做，咱们过两周看看效果。"电话那头的孩子爸爸则是赞同地回应着我："谢谢老师的指导！"此时我知道，他暂时找到了教育的方向。

在家长的配合下，一个学期过去了，孩子总体出勤率还是不错的，上课也不再那么频繁地去卫生间了，甚至在我的表扬下喜欢上了擦黑板，一下课就跑到讲台问可不可以擦黑板。有事可做的小章，不仅不会再随意碰别人的东西，还体会到因劳动被表扬的喜悦和骄傲。

新学期我进行了家访，将家访的目的定位在了解家长在家庭教育中的困惑，并指导家长选定可操作性的教育方法，进一步让孩子追上同龄人的脚步，最终达到家校共育。家访这天，全家人都在热情地欢迎我，孩子还为我端来了一盘刚洗干净的、带着水珠的水果。我说："小章真有礼貌！"他不好意思地笑了笑。孩子爸爸有点担心地问："孩子在学校没捣乱吧？"我一笑，说："恰恰相反，我认为孩子进步挺大，我想咱们是不是可以帮助孩子有更大的进步？在学校表现得不错，不知道在家里有没有让爷爷奶奶着急呢？"

从我进门就注意到，爷爷的眼睛始终在孩子身上。这时奶奶说："这孩子就是不写作业呢！"我说："您提的这一点正是我想说的，孩子在学校也一个字都不写。我觉得他不爱写作业是因为手部精细动作发育得不好，我们可以让孩子多练习控笔，提高书写能力。"奶奶叹了口气，说："家里有很多本练习控笔的字帖，但孩子不写，我们也拿他没办法。"我想了想，说："这有可能是因为孩子没兴趣，所以不想写，也有可能是写不好，有畏难情绪。"我指导家长可以把写字帖练控笔换成画画练控笔，首先让孩子喜欢拿笔去画，画得多了，控笔能力自然会有所提升。奶奶说："孩子很少拿笔画画。""那可以先带孩子做一些手工或者专门进行一些能够促进手部精细动作发展的小游戏，甚至是撕纸，只要孩子愿意动手，我们就可以让他多尝试。"奶奶说："那正好，小章的妹妹快上幼儿园了，可以让兄妹两个一起做手工，发展手部精细动作。"我因孩子奶奶在我指导下产生的好想法而欣喜不已，赞叹奶奶虽上了年纪仍可以不断更新教育理念。孩子奶奶听完我的表扬毫不掩饰自己内心的开心。

这时我又看向孩子爸爸，爸爸正在认真地记录着孩子存在的问题以及解决的方法。我意味深长地说："小章爸爸，在孩子爱上写字的过程中您一定要要表扬他。比如，当孩子独立完成一个手工作品或者写出一个汉字的时候，一定要说'你叠得真好看或者你写得真工整，你真棒'这种夸奖和肯定语言是他坚持的动力！"

在家校合作的基础上，小章开始练习写字了，虽然写得歪歪扭扭，但对他已经是进步了。在跟其他小朋友相处时，小章也能够慢慢进行简单的沟通了，一切都在向好的方向发展，小章的家长在教育的过程中也更有信心了。

分析指导

由于双职工父母没有充足的时间和精力照顾孩子，有些家庭往往由祖辈来帮忙照看。祖辈参与孩子的教育活动有利也有弊，祖辈家长生活经验丰富，照顾孩子无微不至，重视孩子身体成长，但容易忽视孩子身心发展，造成生活依赖性强。还有一些家长把孩子完全甩给长辈来照顾，忽视了孩子成长中关键阶段，造成父母在一些关键教育节点对孩子在教育方面有所缺失，这些都不利于孩子形成明确的规则意识和稳定的行为习惯。

面对这类家长，教师在交流的过程中，要明确指出教育问题、引导教育思想，从家长在教育过程中遇到的困难着手，分析学生行为以及背后的心理变化，制定有针对性的策略，教给家长实施教育的方式方法。通过教师详细的指导，家长会在教育孩子的过程中更有明确的教育方向，从而获得教育抓手，出现问题时能及时调整教育方式，从关注学生的表面问题到关注如何解决的深层问题，帮助孩子不断成长。

沟通感悟

有些家长在教育中缺少对孩子成长过程中行为习惯的细心观察以及科学的教育方法。在家校沟通的过程中，需要教师进行较为专业且详细的指导，针对学生的具体情况，教师可将家长的教育困惑转化为可实施、可操作的教育行为。"指导"可以让家长在家庭教育中教有所依、教有得法，逐渐增强对教师的信任感，真正促进家校合作的有效性，促进学生全面健康成长。

暖心沟通关键词 58
改变

"改变"的基本定义是事物发生显著的差别。"改变"多用来表示在当下通过学习做出调整和变化,使在未来实现想要的结果。

"改变"对教育相当重要。在学生受教育的过程中,每位家长都希望孩子通过学校专业的教育在各个方面取得进步,得到质的改变。当然,这种改变更多情况下离不开"家校沟通"这座桥梁,通过家庭与学校、家长与教师之间针对学生某段时间存在的问题及时有效地沟通达到让学生在某些方面取得进步的目的。

 暖心故事

变"行"记

"叮铃铃……"伴随着优美的上课铃声,我拿着课本和教案,急匆匆地走进教室。

"上课!"教室瞬间安静下来,"同学们好!""老师好!"

这时,一句不和谐的声音传出来:"大鹏,你快走啊!轮到你了!"我一看,又是平时上课不认真听课的两位"捣蛋鬼"——大鹏和小熙,两个人正在下五子棋。"你俩没听见上课铃声吗?"听到我的提醒,两个人迅速地清理桌面,把数学书拿了出来。

"同学们,今天我们来学习'解比例',这节课的内容比较容易理解,请

大家认真听，明天我们将进行练习。""下面大家拿出笔记本……"说着，我转身在黑板上写下"解比"，"例"字还没起笔，就听到"你怎么回事啊？刚才明明是你走的，这次该轮到我了……"

我回过头来，看到大鹏和小熙又开始了他们刚才未尽兴的棋局。

"大鹏、小熙，你们俩起立！"

"你们还能好好上课吗？"一阵沉默。

"到底能不能好好上课？"又是一阵沉默。

"你们不想听课，请你们也不要影响其他同学。坐下！"

我继续在黑板上写"例"字。

"同学们，在学'解比例'之前，我们先来复习一下'比例的基本性质'，哪位同学来说一下？"

"小泽，你来说说"，小泽站起来，不太流利地说出了答案。

"说的什么呀？我说的比他好多了……"只听见大鹏和小熙又开始旁若无人地聊起来了。

说起大鹏，一直让老师们感到头疼，孩子很聪明，就是没有规矩的意识，上课随意说话，扰乱课堂纪律，影响老师的正常授课。班主任和家长沟通过多次，但都不见效果。大鹏的妈妈是一名大学教师，由于工作忙，疏于对孩子的管教，孩子从小到大都是由老人照顾，爷爷奶奶宠孙子，只管吃好喝好穿好。每次班主任和妈妈反映孩子的问题，得到的答案都是"我知道了，回家我一定会好好教育。""不好意思，我这工作很忙。""我今天要开会，您和爸爸沟通吧……"等这样来搪塞我的话。

今天放学后，我决定和班主任王老师一起跟大鹏的妈妈聊一聊。大鹏妈妈比约定的时间晚了十分钟，见了面，还没等我们说话，她先开了场，说："不好意思老师，今天我们专业的学生论文答辩，耽误了点时间，工作实在是太忙了……""您的确是够忙的，忙得只顾着教育别人的孩子了！"这是我和她的初次见面，大鹏妈妈一愣，半天才反应过来说："是，您说得对，我对自己的孩子疏于管教了。"看到她的态度软了下来，王老师借着机会将最近几天孩子的问题一吐为快，只见大鹏妈妈的脸色越来越难看，正当她要把火气撒到孩子身上的时候，我赶紧接过王老师的话茬。

"大鹏妈妈，您先别着急，今天找您沟通不是向您告状，根据王老师跟您反映的问题，我们想和您一起来商量解决问题的办法。"

听我说完，大鹏妈妈发作的情绪稳定了下来。

"大鹏妈妈，您怎么看待王老师跟您说的孩子在学校出现的问题？"

只见对方愣了一下，说："作为学生，上课不认真听讲，肯定是不对的，更何况还和其他同学一起扰乱课堂秩序。老师，您放心，回去我肯定好好教育他。"

"这种扰乱课堂秩序的行为，老师在学校里已经对孩子进行了教育，孩子每次都保证不会再有类似的情况发生，但是起效不大。所以，今天我们想当着您和孩子的面好好地想一想怎样才能更好地帮助孩子。"

"您知道吗？在数学学习中，大鹏的学习能力在班里是数一数二的，而且其他老师都认为，大鹏是个非常聪明的孩子，课上反应特别快，遇到难理解的问题，他总是第一个回答上来。"此时，我看到大鹏妈妈的表情柔和了许多，眼神中透出了喜悦。"我知道您工作忙，很少和孩子沟通，但是，请不要在您一有时间的时候就和孩子聊学习，要多关心一下孩子学习之外的事情，尤其是男孩子更需要妈妈的关怀和爱护。对于孩子的学习，学校里有老师进行教育和监督，所以您要相信凭借孩子的聪明才智，他的学习不会有问题。现在我们亟待解决的问题是如何让孩子在课上能够虚心听讲，不扰乱课堂秩序，影响其他同学。"

大鹏妈妈听完我的话，看着孩子说："儿子，你看老师们对你的评价多高啊，妈妈还以为你在学校只顾着玩，不好好学习。所以你不要让老师们失望，妈妈希望和老师的下次见面聊的是你最近有多大的进步。"

孩子没想到妈妈会和他说这些，一直低着的头突然抬起来，眼睛有点湿润地说："妈，我知道了。"

接着，大鹏看向我和王老师，"老师，您们放心，以后上课我一定认真听讲，不打扰其他同学。"

接下来的日子里，大鹏变化很大，课上除了认真听讲，积极回答问题，课下还给学习有困难的学生讲题，帮助他们在数学学习上提升。当我把这些变化发消息告诉大鹏妈妈的时候，隔着屏幕都能感受到家长开心的心情。

分析指导

有一些家长，他们经验丰富、事业有成、有主见，大多具有高学历，对孩子有自己的教育观念。"事业有成"使家长认为自己在教育孩子上的过程中也必有所成，对老师的要求总有自己的想法；"经验丰富"使家长在孩子面前"好为人师"，常常挂在嘴边的就是"我吃的盐比你吃的饭还多，听我的准没错"。他们总是以指导者的身份出现在孩子的生活中，甚至对老师的工作也要加以指导，面对年轻一点的老师，更是高高在上，显示自己的学识渊博；"有主见"使家长在与老师和孩子的交流中多表达而少倾听，他们主观认为自己的做法才是正确的，很少听对方的真实想法，接受对方的建议，大多敷衍了事。

面对这类家长，在解决孩子的问题时，教师要摆事实、讲道理是行不通的。最简单直接的方法就是"单刀直入"，不用过多的套话，只需要陈述事情经过，直指问题的核心，简单、干脆地解决问题。

沟通 感悟

再有能力的家长，在孩子面前都是普通的爸爸妈妈，无论身居何职，面对孩子的教育问题大家都是平等的，甚至有些时候会"技不如人"。作为老师，面对这样的家长，我们只需要坚持"以诚相待"，换位思考，设身处地地帮助他们解决孩子的教育问题。精诚所至、金石为开，相信家长都可以和我们站在统一战线上，为孩子朝着更好的方向而改变，积极配合我们的工作。

暖心沟通关键词 59

表达

"表达"一词在字词典里属性为动词，以交际、传播为目的，以物、事、情、理为内容，以语言为工具，以听者、读者为接收对象。表达是观察、记忆、思维、创造和阅读的综合运用。表达是各种学习能力、智力的尖端反映。表达一词几乎包括了一切高级行为、一切艺术、一切表露出来的情绪。

沟通，是人与人之间交往的桥梁，没有沟通就没有相互交流的平台。有效的沟通，源于准确的表达。若想与家长进行有效沟通，应让我们的表达显得得体、丰富，让接收我们表达的家长能够舒服愉快，并理解我们所传递出的友善，最终实现家校的教育合力。

暖心故事

打开一扇窗

我认识小柯时，她是一个胖嘟嘟的小姑娘，留着齐刘海，非常可爱，那时的她上二年级。而我就是她的新班主任。

在班主任交接工作时，"小柯"这个名字被前班主任做了特殊的标注——这个孩子学习不好，爱撒谎，上课爱搞小动作；家长就别指望了，她妈妈根本听不得说她孩子不好，要说孩子的问题，她妈妈就会为她辩解反过来说是老师的问题；但是这个孩子家庭条件比较殷实。出于好意，前班主任还特别提醒我要小心，能不找家长就尽量别找了。于是还没有见到这个孩子，我便已经在心中对她和她的妈妈筑起了一道沟通的防御堡垒。

开学不过一个月，我就发现了小柯的一些行为习惯上的小问题。比如她很想和身边的小伙伴们玩儿，可是似乎总是融入不进去；比如上课传递小纸条给旁边组的女孩，恰好被老师发现；比如上数学课时因为听不懂而觉得无聊便脱了鞋和袜子……同时我也发现在我的课堂上，小柯表现得非常活跃，愿意积极回答问题，并且她的表达有时还很独特。可是孩子的作业写得不尽如人意，落实到每一个字或者练习题，小柯就差了很多。有一天甚至没有完成作业，但她却撒谎了，告诉我她只是忘带了。出于职业敏感性，我在下课后将小柯叫到了办公室说："那打电话让妈妈给你送来吧！"此时小柯吓坏了，哭了出来，告诉我："老师，对不起，我没有写完。请您别告诉我妈妈……"我虽然答应了她，但是我觉得还是应该跟她妈妈聊一聊。

于是我拨通了小柯妈妈的电话，在确认过身份后，我说了打电话的原因，"孩子昨天的作业没有完成，开学一个月了，我也想和您沟通一下孩子的情况。"小柯妈妈十分冷静甚至有些冷漠地回复我，"嗯，好的。怎么可能没写完呢？我想知道作业是什么？到底是该在学校完成还是回家完成？孩子上课脱了袜子？怎么可能？她是不是不舒服呢？她给别人传？老师您有没有看清楚？是不是那个孩子先给她传的？我会回家找孩子了解清楚情况的……"傲慢的语气和对每一个问题的否定及辩解都激起了我较真儿的情绪，我自然也是表现公事公办的态度，一一回应，在气势上我们彼此都没有让步。最后，"小柯妈妈，下课了，我还要盯班。我和您反馈的问题，请您关注。"电话那边一句"好的。"还没等我说再见，就挂了电话。只剩我一个人在这边感到很挫败。既无尊重可言，也没有达到沟通的目的，反而有一种"吵架"的激动与难受。第一次的沟通就以失败告终了。后面又进行了几次或电话或见面的沟通，不管是哪种形式，我都感到一种强烈的傲慢和冷漠质疑，小柯妈妈认为她的孩子小柯不是这样，是老师故意在针对小柯。甚至在一次沟通后，小柯妈妈通过各种关系联系到我身边的同事，想要约我吃饭……我的拒绝更加让小柯妈妈似乎感到她的判断是正确的。和家长沟通的不顺畅，也让我干脆不再企图从家长这里获得教育合力了。

但是我没有放弃对小柯的关注和帮助。我在班里设置了信箱，我几乎每天都能收到小柯的来信，这里有对我的表白，有和我的倾诉，也有自己的小烦恼。我知道了每天放学都是托管班老师来接她，晚上是姥姥姥爷去她接回家。她的妈妈爸爸工作都特别忙，尤其是妈妈，常常是在她睡着之后才回来。我也明白了为什么小柯在妈妈面前会撒谎，因为她不能准确地表达自己，她不敢让妈妈看到一个真实的自己她的内心缺乏来自妈妈的关爱。

五月母亲节，学校组织了"爱要大声说出来"的主题活动。我灵机一动也拿出了信纸让孩子们写了起来，而我要写给的是——小柯妈妈。我怀着最大的善意，以一个母亲的视角真诚地表达对小柯的喜欢，"小柯妈妈，我太羡慕您有这么一个可爱的女儿了。也特别佩服您的审美和眼光，看得出小柯每天的衣服、鞋子，甚至是袜子和发绳都是您搭配好的吧？女孩子们一定都想拥有您这样的美丽妈妈。"同时我也在信中实事求是地肯定小柯的进步，"小柯的字写得越来越好了，在课堂上常常给大家带来惊喜，同学们很佩服她；她的朗诵很好，我们推选小柯在即将开始的班班唱比赛中担任朗诵部分；在最近的一次语文练习中，小柯还得了满分。最让我欣喜的是，小柯状态的改观：她在课堂上能够努力坚持了，即使是自己不感兴趣的数学课；无论她有没有做好，她都能诚实面对老师，不撒谎不逃避；在班里她更热心了，总能主动帮助老师和小伙伴，大家越来越喜欢她……我想这一切都离不开妈妈的帮助，作为老师我很感谢您对孩子的付出。"同时我也将小柯平日里和我所表达的一些真实的想法，在信中对孩子妈妈表达了出来。"站在客观的角度，我感到小柯非常需要您的关爱，也更需要您真正地接受也许没有那么完美的她。我相信无论孩子怎么样，作为母亲，我们都是最爱她的。"

放学时我将这封信交给孩子让她带给妈妈，我并没有企图得到任何回馈，我只是希望自己可以以这种平和的方式来表达想法，这样才不会影响我们之间的沟通。没想到晚上我收到了小柯妈妈的信息："特别感谢您能这么用心地爱孩子、关注孩子。说实话已经有好多年，没有收到过信了。本想给您也回一封信表达我的感谢，但还是想第一时间告诉您。谢谢您告诉我小柯最近的进步，这是我收到的最好祝福。您提到的那些确实是我们家长没有关注到的问题，没想到小柯和您写的小纸条也有这么多意义。我会好好反思，调整自己。您辛苦啦！也祝您母亲节快乐！"我很欣慰，这是我们真正有效沟通的开始。

可是这样的日子却随着一个消息让我震惊，那就是孩子妈妈因为乳腺生病住院了。在我知道后第一时间便立刻给她发了消息询问病情，告诉她让她安心治病，别担心孩子，我会多关注的。我们都期待她的好消息！在当天晚上，我接到了小柯妈妈的电话。电话里的她声音有些虚弱，除了感谢，她和我讲了好多关于她的故事——"我是一个从小就很要强并且追求优秀的人，我的父母都是高干，从小家庭条件就比较优越。大学毕业就进了电视台，我一直很努力，工作的职位也让我变得有些强势。""我觉得孩子也应该像我一样，所以我常常忽略了小柯的真实感受，不能接受真实的她。工作的压力和繁忙也让我和孩子爸爸沟通不多……"此时在医院中，她最放心不下的就是小柯……向我倾诉成了她在那一刻的情绪出口，我理解了她作为母亲的不安。

因为我自己的母亲的相似经历，我便常常和她分享乐观积极的情绪对身体的好处；分享孩子在学校的照片或视频；我也将更多的爱给予小柯，告诉她在家里要听姥姥姥爷的话，去医院看妈妈时要让妈妈开心……懵懂的孩子似懂非懂，但她知道她要好好的，妈妈才不担心。

一个月后，我看到了放学后在接孩子的家长队伍里有一个美丽的身影——小柯的妈妈。她虽然清瘦了不少，但依旧美丽。这份美丽不再是精致的妆容和时尚的打扮，而是脸上纯净、平和得神情，以及那盈盈一笑。

我们关于孩子的交流变得更多了，在这种交流中我们都更加关注孩子的心理变化和点滴进步。我们开始分享关于教育的书籍，畅聊心得感受。在小柯二年级结业时，她的语文和数学都顺利过关，最关键的是小柯在班级里有很强的责任感，热情开朗的性格使她收获了很多好朋友。遇到事情不再先推卸责任，而是先找自己有没有做得不好的地方。还有什么比拥有一个乐观积极向上的孩子更值得欣慰呢？

分析指导

有一类家长，他们的原生家庭条件优越，不仅是物质条件优厚，他们都是高知高干家庭，受到过良好的教育，自身也非常努力优秀、能力较强，因此这类型家长具有很强的内心优越感。因此他们家境殷实、不为物质生活而苦恼，认为物质在某种程度上决定一切。在与人接触的时候自信、主动且说话强势。对孩子的教育有自己的理解，这决定了这类型家长并不善于与老师沟通合作，他们常认为出现的问题都能用自己的办法来解决。也因为他们从小家境良好，学习成绩优异，所以他们不能接受孩子的平庸。当面对老师对孩子的在校反馈不能接受，并试图辩解，甚至是怀疑老师的专业性。

针对这种类型家长，我们需要丰富"表达"。这样的表达，以"生"为绳，以"心"换心。"一封书信，沟通心灵。"当沟通出现障碍时，不妨让表达回归一种最原始、单纯的方式——书信，在特殊的日子给家长写一封信，把关心和爱的教育理念融入文字。"一句'我能体会这种感受……'作为表达的开始。"传递出理解尊重。理解家长的不易，体会家长的情绪，关爱照顾好孩子，分担家长的担忧。"一本心灵手帐，记录成长。"和孩子一起记录在学校的喜怒哀乐、点滴进步，让家长看到老师的用心付出。"一本好书，共读分享。"针对家长在教育时的困惑和这个孩子的问题，查找资料、书籍，推荐分享书籍。在交流中准确表达，在沟通中相互理解。

沟通感悟

我认为好的教育应当是彼此成就，而好的表达是怀着最大的善意给予对方尊重和理解。真正的教育从来不是始于教师站在讲台上的那一刻，而是在师生眼神中传递出的爱，是老师对孩子的一个拥抱，是孩子对于老师的深深的怀恋。我们与家长因孩子而相遇，因孩子而彼此交流，我们更应让这种表达没有偏见、没有芥蒂，有的是理念的分享、是目标的一致、是理解和尊重，是你我不再相遇但仍可以彼此惦念，心怀感恩。

暖心沟通关键词 60

疏通

"疏通"的意思是疏导沟通，解决矛盾问题而采取的方式。以求思想达成一致和情感的畅通。

疏通是通往心灵间的桥梁，是与家长建立信任关系的基础。通过交流疏导沟通可以了解孩子的家庭情况和成长环境；可以引导家长树立正确的教育理念和使用恰当的教育方法，使家长同我们站在同一战线上，共同助力孩子的成长。

 暖心故事

一张会"说话"的空白卷

天天是一个活泼好动、聪明漂亮的小女孩。一双大大的眼睛，长长的睫毛眨呀眨，就像小天使一样天真可爱，可是小天使总时不时地"使性子"。一遇到不会的题，后面的题目便不再思考，一直发呆到下课铃响起；课间与同学游戏时有不同观点，便任性地把头甩向一边，一天也不再和任何人说话；只要听到任何批评便眼泪汪汪，低下小脑袋，身体后退，不再参与任何集体活动……

为了帮助天天养成良好的习惯，我拨通了天天妈妈的电话。"老师，……你有事吗？"能感觉到天天妈妈的紧张。我用亲切的语气，说："天天妈妈，开学这段时间孩子的适应能力很强，而且生字写得特别漂亮，看得出来您和爸爸平时没少下功夫。"听到我对孩子的表扬，天天妈妈放下了心中的戒备，开心地说："谢谢您对天天的夸奖，但是他有时挺任性。"顺着天天妈妈

的这番话，我沟通了近期天天在学校的表现。父母是最了解孩子的，妈妈听后，很是焦急地说："您说的这些我也想到了，是我们对孩子太过娇惯，才导致孩子如此任性，回去一定好好管教。"妈妈热切地应允着。第一次电话沟通十分顺利地结束了，我期待着天天的改变……

但接下来的几天，却发生了更让人头疼的事情。现在的天天在练习卷上只要一遇到不会的题目，便把前面写完的题目连带着自己的名字全部涂抹干净，直接交一张"崭新的"空白卷。面对越来越任性的天天，我知道有必要和天天妈妈进行更深入的沟通。与上一次不同的是，这一次我把天天妈妈请到了教室。

教室里，天天妈妈接过我递过去的一杯热水，面露窘色，说："这个孩子我是没有招儿了。"她的身子抵在椅子上，双手交差跨在胸前，不难看出天天妈妈对这次谈话的抵触与不安。我没有打断她，而是认真地聆听着。"说不得、打不得，就是凭着自己的性子。我想管也管不了，您说该怎么办呢？"我疏导道："刚才您说打不得、骂不得，那么您在教育孩子的时候真的使用打、骂这种激进的方式吗？""那倒没有，天天是我们全家的开心果，大家都视为掌上明珠。再加上天天早产，我总觉得她发育慢，比其他孩子能力弱不能逼迫孩子……"我听着天天妈妈倾诉自己心中的苦难与困惑，时不时地点点头，续上热水。这不仅是简单的诉说，更是一个母亲发泄的窗口。

了解了天天性格形成的缘由，我先肯定了天天妈妈的教育方法，"您做得对，的确，性格不是一天形成的，咱不能和孩子硬碰硬，这样更容易造成孩子逆反的性格。不过，您有没有试着帮助孩子改变改变呢？""怎么改变？"天天妈妈提起了兴趣，身子微微前倾。"孩子不写卷子，一是孩子性格要强，追求完美，二是遇到了不会的题目。对于孩子的上进心我们要多多表扬，多多肯定。"天天妈妈听到对孩子的称赞，微笑地点点头，说："刘老师，谢谢您对孩子的鼓励，但是再要强，什么也不写也不行呀。"面对天天妈妈焦虑的心情，我一边安慰疏导，一边给出建议："天天妈妈，您别着急，对于孩子不会的题目，我们可以提前复习再进行练习。更要注意舒缓孩子的焦虑，我们不能只给孩子提要求，更要给孩子讲明白道理。让孩子理解有不会做的题目是很正常的，不用伤心，遇到不会的题目先放一放，答题就像闯关，后面的关卡会更有趣呢。""我以前不是过于顺从孩子，就是过于强硬，你说的这个方法我回去试试。"天天妈妈眼中闪烁着光。

　　现在，曾经任性的"小公主"结交了许多好朋友。追求完美的性格也让天天收获了赞许和钦佩的目光。

分析指导

　　部分家长对于孩子过分宠爱，甚至是溺爱。他们往往具有过度保护、言听计从的特点。他们对孩子特别偏爱，含在嘴里怕化了，捧在手里怕碎了，对孩子的要求百依百顺，对孩子的话百听百信，不能容忍孩子受半点委屈。这类家长也明白对孩子的娇惯是不好的，但只要孩子一哭一闹，便放弃了自己的原则与底线，会一味的纵容孩子。即使想管教，但对于孩子的哭闹和任性，也无可奈何、无计可施。

　　区别于其他家长，尽管他们知道孩子的情况，但是却不接受别人对孩子的批评。需要教师巧妙运用疏通技巧。在沟通前，做好充分的准备，包括学生的在校表现、家庭情况、成长环境等。充分了解造成家长溺爱孩子的原因，方可"对症下药"。在沟通过程中，除了关注言语所传达的信息，肢体语言也尤为重要。身体前倾，眼神的互动都是沟通间的良性互动。通过有效地疏通，促进家长正视自己的教育问题，思考溺爱对孩子造成的影响，从而接受正确的教育思想，改变教育方法，帮助孩子纠正不良习惯和行为，促进家校间的良性互动。

沟通感悟

　　在孩子的成长道路上，教师和家长是天然的同盟军。良好的沟通不仅能缓解家长的焦虑情绪，更能促进学生心理健康成长。在与家长沟通的过程中，如果掌握了一定的家校疏通技巧，就能更好地促成家校间的良性互动。家校双方互相尊重、以诚相待、有效沟通，把家校合作育人的优势发挥到最大，努力为学生营造一个健康、宽松、和谐的学习氛围，教育才能促进学生全面发展，健康成长！

后　记

　　在各级领导和专家的大力支持与帮助之下，《与家长暖心沟通的 60 个关键词》付梓出版了！这部精心编写的学校家庭教育指导用书，为教师、为家庭教育工作者提供了一份精神食粮。

　　好词暖心情，有情好育人。《与家长暖心沟通的 60 个关键词》全书以教师如何巧用关键词与家长进行暖心沟通为主线，精心设计了教师与家长用心沟通篇、教师与家长有情沟通篇、教师与家长和睦沟通篇、教师与家长情理沟通篇、教师与家长尊重沟通篇、教师与家长坦诚沟通篇共六个篇章，并以好词解读、暖心故事、分析指导和沟通感悟四部分内容贯穿沟通关键词的每一篇。本书积极探索理论支撑、实践导向、家校协同的学校家庭教育指导体系，努力构建以学校为主导、家庭为基础的贯通一体、协同育人的学校家庭教育指导实践途径，逐步形成学校家庭教育指导的特色文化。

　　在本书的组稿、编撰过程中，参加策划、编写的教师不辞劳苦，以精益求精、打造精品为原则，竭力虔心、字斟句酌、夜以继日、务求实效，在编写、编辑、设计等方面不断总结经验，形成了学校家庭教育指导的独特风格。丁立群校长亲自统筹规划全书，组织指导与实施，撰写主体框架和内容，并担任主编。本书副主编是孙秋祥、郭诗华，编委有魏庆莉、李轶姣、许倩茹、江雪、赵丽君、向春艳。本书共有 60 名编者，第一篇编写人员有：张启明（真心）、谢艺萌（温心）、刁瑞川（友善）、肖俊爽（关心）、陈昕睿（细心）、赵方齐（热心）、杨志雪（温馨）、张悦（及时）、苏力娅（诚心）、向春艳（共情）；第二篇编写人员有：李意珊（期待）、陈敬瑶（称赞）、李雯婧（激励）、王昕（换位）、张乃尹（豁达）、魏庆莉（体谅）、杜双萍（主动）、卢姗（微笑）、尚宏伟（赞美）、王月芹（欣赏）；第三篇编写人员有：闻香（报喜）、常莹（平和）、王凤云（接纳）、朱媛媛（剖析）、谭萱（共育）、杨雪（理解）、张倩（转化）、王若楠（尊重）、孙艺铭（温和）；第四篇编写人员有：李轶姣（公正）、郭子瑞（分析）、江雪（明理）、刘培悦（同理）、赵苑珺（原则）、王文丽（建议）、高文枢（客观）、姚燕欢（合作）、张颖超（协同）；第五篇编写人员有：尚秀娟（冷静）、殷金莹（静听）、程娅航（委婉）、宋蓓（分寸）、赵妍（肯定）、周俊（鼓励）、吴凯月（渗透）、许梦欣（支持）、邓子铭（信任）、孙秋祥（坦率）、张丽婷（了解）；第六篇编写人员有：付鑫（拥抱）、王佳琪（倾听）、马丽雅（启发）、李秀芬（诱导）、郭诗华（协商）、梁卓番（引导）、史立颖（示范）、赵丽君（指导）、徐玲杰（改变）、许倩茹（表达）、刘莹（疏通）。本书是数十位一线教师多年来在对家庭教育指导工作进行深入研讨和实践案例中得到的经验总结，对于一线教师和家庭教育工作者具有较强的启示和指导作用。尽管日常工作负担较重，但全体参与人员仍以强烈的责任感和高度的敬业精神，积极投身于编写工作中，从而确保了本书的顺利出版。

在此，我们要特别感谢各级领导、各位专家和有关部门的大力支持，正是有了你们的鼎力支持，本书才得以如期面世。在此，谨对所有给予本书编辑、出版工作以关心和帮助的领导和各界人士致以万分的谢忱！

囿于水平，本书存在不足与疏漏在所难免，敬请广大读者批评指正，以帮助我们能做得更好。

编　者